Nossa Senhora Aparecida

Ricardo Marques

Nossa Senhora Aparecida

300 anos de milagres

1ª edição

EDITORA RECORD
RIO DE JANEIRO • SÃO PAULO
2017

CIP-BRASIL. CATALOGAÇÃO NA PUBLICAÇÃO
SINDICATO NACIONAL DOS EDITORES DE LIVROS, RJ

M319n
Marques, Ricardo
Nossa Senhora Aparecida: 300 anos de milagres / Ricardo Marques.
- 1ª ed. - Rio de Janeiro: Record, 2017.
il.

ISBN: 978-85-011-0903-3

1. Aparecida, Nossa Senhora. 2. Santos cristãos – Reportagem.
I. Título.

CDD: 248.4
CDU: 248.4

17-38869

Copyright © Ricardo Marques, 2017

Todos os direitos reservados. Proibida a reprodução, armazenamento ou transmissão de partes deste livro, através de quaisquer meios, sem prévia autorização por escrito.

Texto revisado segundo o novo Acordo Ortográfico da Língua Portuguesa.

Direitos exclusivos desta edição reservados pela
EDITORA RECORD LTDA.
Rua Argentina, 171 – Rio de Janeiro, RJ – 20921-380 – Tel.: (21) 2585-2000.

Impresso no Brasil

ISBN 978-85-011-0903-3

Seja um leitor preferencial Record.
Cadastre-se em www.record.com.br e receba informações sobre nossos lançamentos e nossas promoções.

Atendimento e venda direta ao leitor:
mdireto@record.com.br ou (21) 2585-2002.

Agradecimentos

Sem a ajuda destas pessoas teria sido bem mais difícil escrever este livro:

Padre João Batista de Almeida, reitor do Santuário, que abriu as portas de Aparecida.

Augusto dos Reis Ferreira, que me deu a chave da porta do padre João Batista.

Dorothea Barbosa, coordenadora do Centro de Documentação e Memória do Santuário, que gastou tempo e trabalho na busca de antigos documentos.

Eliane Santos Vieira, que primeiro teve a ideia de registrar em livro os milagres da santa e é parceira de primeira hora.

Duda Costa, Carlos Andreazza e Thaís Lima, meus queridos editores na Record, que tornam tudo mais fácil e prazeroso.

Anacarolina Garcia, que fez as fotos em Aparecida e acompanhou essa história de perto, do começo ao fim.

E, especialmente, Maria Eleusa M. Ferreira e Marilda M. Ribeiro.

Todos os relatos de graças publicados neste livro são autênticos, provenientes de entrevistas, documentos históricos, testemunhos registrados ao longo da história e publicações oficiais do Santuário Nacional de Aparecida. Para preservação da privacidade, não foram revelados os nomes completos de pessoas citadas em relatos mais recentes.

Sumário

PRIMEIRA PARTE:

A História

Prólogo: Três histórias	13
1. O 12 de outubro	17
2. Fé	21
3. A origem do culto	35
4. Maior do que a cidade	45
5. A imagem que não deveria mais existir	53
6. Os redentoristas, o padre João e o carnaval	61
7. O Jubileu dos 300 Anos	73

SEGUNDA PARTE:

Os Milagres

8. Os milagres históricos	85
9. Os antigos testemunhos	95
10. As graças do século XXI	161
11. "Não é uma coisa humana, com certeza"	205

PRIMEIRA PARTE:
A História

Prólogo

TRÊS HISTÓRIAS

Em 30 de março de 1936, às 6 horas da tarde, Alcides Rocha, de Taquaritinga, interior de São Paulo, seguia de carro para Rincão com a mulher e os filhos. Ao passar pela via principal de Américo Brasiliense, em frente a uma confeitaria, o menino Gilberto, de 6 anos, saiu correndo para a rua com um saquinho de balas na mão, sem prestar atenção ao trânsito, até porque eram raros os carros por ali na época. Assim que viu Gilberto vindo em sua direção, Alcides tentou brecar, sentiu o impacto do carro batendo no menino, o solavanco da roda passando por cima dele, e só pensou em apelar em voz alta a Nossa Senhora Aparecida. Ao sair do automóvel, ele viu Gilberto caído, imóvel. "Como o menino não gritasse, julguei-o morto. Qual não foi o meu espanto quando o tiraram salvo, com insignificantes machucaduras. Honra e glória a Nossa Senhora Aparecida!", testemunhou Alcides, em carta enviada ao Santuário.

* * *

Em 2005, Maria S., de União da Vitória, Paraná, começou a sentir uma forte dor no tórax e recebeu um diagnóstico de câncer no fígado, de um tipo raro, já com comprometimento do esôfago. Tudo indicava que, no estágio em que se encontrava, a doença era incurável. Maria passou por uma cirurgia de risco que durou nove horas. Antes da operação, ela disse ao médico que ele iria cortá-la com o bisturi, mas quem iria operá-la seria Deus, "pela graça de Nossa Senhora Aparecida". No tratamento pós-operatório, Maria S. emagreceu 13 quilos e perdeu todo o cabelo. No ano seguinte, enviou uma carta ao arcebispo de Aparecida para contar que estava totalmente curada e havia recuperado a vida, a saúde, o peso e o cabelo, graças à sua fé e à intercessão da santa.

* * *

No dia 30 de maio de 2008, às 19 horas, José de A., residente em Aparecida, foi assaltado. O ladrão disparou sete tiros contra ele. Na hora, José só pensou em pedir a proteção de sua santa de devoção. Uma das balas atingiu seu peito, exatamente no bolso onde estava um maço de dinheiro, que desviou o impacto do tiro e salvou sua vida. José não se feriu gravemente, e hoje, na Sala dos Milagres do Santuário de Aparecida, estão expostas, em uma caixa de plástico transparente, as várias cédulas despedaçadas pelo tiro, ao lado do seu relato.

* * *

Essas três histórias verídicas, com 72 anos entre a primeira e a mais recente, representam milagres de Nossa Senhora Aparecida? Ou apenas acaso, sorte ou episódios que, embora pouco comuns, poderiam ser explicados pela lógica ou pela ciência? A resposta é simples: para as pessoas envolvidas, e para milhões de outras que creem, não há dúvida de que foram graças alcançadas pela intermediação da santinha negra de Aparecida. Para esses fiéis, foram milagres, sim, e trata-se unicamente de acreditar ou não acreditar.

E o que não falta é quem acredite em Nossa Senhora Aparecida, assim com não faltam relatos como esses três, que representam as principais e mais recorrentes situações em que as pessoas apelam à santa cuja imagem foi encontrada no rio Paraíba do Sul, há exatamente três séculos: doenças graves, acidentes e atentados contra a vida, nessa ordem. Como esses, estão registrados ao longo da história milhares e milhares de testemunhos de graças recebidas, um número incontável, a ponto de não existir uma forma de armazenar as cartas que os devotos enviam. Os anos passam, e os testemunhos não param de chegar ao Santuário, todos os dias.

1

O 12 de outubro

Em outubro de 2017 se completam trezentos anos de fé, o que significa trezentos anos de graças, favores e milagres, o primeiro dos quais aconteceu no momento exato em que três pescadores, Domingos Alves Garcia, João Alves e Filipe Pedroso, depois de passarem dia e noite em uma pesca inútil, recolheram em sua rede o corpo de uma pequena imagem de terracota, sem a cabeça, no rio Paraíba do Sul, em Guaratinguetá, a meio caminho entre São Paulo e o Rio de Janeiro. Logo depois, ao jogarem a rede mais uma vez, encontraram a cabeça que faltava. Em seguida, os peixes vieram, em quantidade surpreendente, tantos que mal couberam na canoa. Na madrugada daquele 17 de outubro de 1717, um domingo, trezentos anos atrás, começou a história da santa mais cultuada, mais celebrada e mais popular do país, Nossa Senhora da Conceição Aparecida, a Padroeira, a Intercessora, a Mãe Negra, a Rainha do Brasil, dona de muitos outros títulos oficiais e da fé popular. E seu símbolo máximo é nada mais do que uma imagem de barro de cor escura, medindo 36 centímetros e pesando 2,55 quilos, que foi moldada por um artista absolutamente desconhecido, ficou por muito tempo no fundo de um rio e passou por poucas e boas. Mas essa pequena e maltratada imagem é repleta de simbolismo, como pouquíssimas coisas no mundo, com poder suficiente para levar, a cada ano, mais de 12 milhões de pessoas ao Santuário Nacional de Aparecida, na mais autêntica demonstração de fé e devoção de que se tem notícia no país. E tudo começou na madrugada daquele distante domingo da segunda década do século XVIII, no rio Paraíba do Sul.

A comemoração dos trezentos anos do encontro da imagem tem seu ponto alto em 12 de outubro de 2017. E seria o caso de perguntar: por que não comemorar o dia de Aparecida no 17 de outubro, o mesmo em que a imagem foi encontrada no rio? A diferença de cinco dias entre o 17 de outubro do primeiro milagre e o 12 de outubro que se tornou o dia de Aparecida não tem razão lógica, mas pode ser entendida, talvez, pela imprecisão dos registros históricos dos acontecimentos no Brasil no século XVIII e pela maneira confusa como foi escolhida a data da padroeira, bem mais tarde.

De fato, o Brasil do início dos anos 1700 era uma terra desconhecida e ainda pouco explorada, apenas uma colônia de Portugal, distante 9 mil quilômetros do reino europeu, e não se sabia exatamente nem quantas pessoas viviam por aqui. Os registros históricos creditam a certo abade Corrêa da Serra um cálculo da população brasileira em 1776, que seria de 1,9 milhão de almas, muitas das quais portuguesas de nascença, mas o número não é confiável, como também não o é a maioria dos registros da época.

Quando a imagem foi encontrada não houve nenhum alarde, a não ser entre o punhado de pessoas de Guaratinguetá que tomou conhecimento da maneira inexplicável como os peixes até então sumidos do Paraíba do Sul decidiram, de repente, cair na rede daqueles três pescadores. Não havia jornais nem outros meios impressos de comunicação que pudessem ter registrado o fato; ainda demoraria quase um século até que fosse lançado o primeiro jornal no Brasil, a *Gazeta do Rio de Janeiro*, que começou a circular em 10 de setembro de 1808. Em 1717 toda a informação era pessoal, boca a boca, e bons anos se passaram até que alguém percebesse que algo fora do comum estava acontecendo em torno da então pequenina Guaratinguetá. O primeiro registro oficial do poder da imagem de que se tem conhecimento só foi escrito 36 anos depois, em 1743, pelo padre José Alves Vilela, que na época era o pároco da igreja matriz de Guaratinguetá, provavelmente o religioso que mais de perto acompanhou o nascimento do culto a Aparecida. O segundo relato, do padre João de Morais e Aguiar, ocorreu em 1757, e ambos foram incorporados ao Primeiro Livro de Tombo da Paróquia de Santo Antônio de Guaratinguetá como os únicos documentos oficiais da Igreja no século XVIII referentes à santa, num período em que ainda estavam vivas algumas das testemunhas oculares dos acontecimentos que se seguiram ao encontro da imagem no porto de Itaguaçu.

Mas as datas comemorativas sempre foram confusas. No século XX, já consolidado o culto a Aparecida, a festa da padroeira do Brasil foi celebrada sucessivamente no dia da Imaculada Conceição (8 de dezembro), no quinto domingo depois da Páscoa, no primeiro domingo de maio e até no 7 de setembro, dia da Independência. Faltava uma data oficial, que só foi determinada em 1953, pela Conferência Nacional dos Bispos do Brasil, como 12 de outubro, e assim ficou. Em 1980, o governo federal seguiu a Igreja e, pela Lei 6.002, de 30 de junho, declarou feriado nacional o 12 de outubro. Assinado pelo então presidente da República, general João Baptista Figueiredo, e pelo ministro da Justiça, Ibrahim Abi-Ackel, o texto da lei talvez seja um dos mais curtos do mundo, com apenas 162 caracteres: "Art. 1º: É declarado feriado nacional o dia 12 de outubro, para culto público e oficial a Nossa Senhora Aparecida, Padroeira do Brasil. Art. 2º: Esta lei entrará em vigor na data de sua publicação." O autor do projeto foi o deputado paraense Jorge Arbage, do PDS, partido aliado ao governo militar.

Desde então não houve mais divergência: o dia oficial de Aparecida é 12 de outubro, quando o grandioso Santuário fica pequeno para abrigar o número de devotos que acorrem à cidade a fim de prestar suas homenagens à santa de devoção. Eles vêm de todos os cantos do Brasil e de outros países para rezar e pedir graças à santinha que na imagem original não era negra, mas se tornou assim — quem sabe para fazer justiça a uma cor que não foi posta na bandeira nacional, mas está bem visível nas ruas e nos bairros de todas as cidades do país, principalmente onde vivem os mais pobres e humildes.

O 12 de outubro de 2017 é, portanto, o ponto alto do Jubileu dos 300 Anos de Bênçãos, denominação escolhida pelo Santuário de Aparecida para comemorar a data. Para os fiéis, representa sobretudo a comemoração de trezentos anos de milagres, que nunca param de acontecer, com a mesma força das três histórias que abriram este texto.

2

Fé

"Nasci no dia 23 de maio e, por conta da proximidade com a data em que se comemora o dia de Nossa Senhora Auxiliadora — 24 de maio —, minha mãe decidiu homenagear sua santa de devoção, dando-me o nome de Eliane Auxiliadora. Ou seja, desde bebê aprendi a recorrer a Auxiliadora, mesmo morando a apenas 20 quilômetros de Aparecida, tendo um avô devotíssimo de Nossa Senhora Aparecida e visitando o Santuário várias vezes. Não via motivos para implorar por sua intercessão. Até 2001, quando nossos caminhos se encontraram no diagnóstico de um câncer raro que acometeu meu pai. Lembro-me de ter 'barganhado' com ela (e não com a minha Auxiliadora) que, se meu pai saísse ileso daquela situação, seria sua propagadora por toda a minha vida. A cirurgia foi ótima, a recuperação também, meu pai foi completamente curado sem precisar fazer os tratamentos mais radicais. Era momento de demonstrar gratidão e lá fui eu ao Santuário, agradecer pessoalmente e dizer que ia cumprir minha promessa. Eu nunca entendi muito bem o que levava os fiéis a tantos sacrifícios; em meu íntimo, até desdenhava deles. Mas foi ao ficar em frente à imagem que entendi tudo. De repente estava recebendo uma energia, uma paz, um consolo que não têm tamanho. No meio de uma torrente de lágrimas, que durou quase uma hora, de joelhos dobrados, veio a certeza irreparável de que ela é nossa intercessora junto a Deus Pai e Deus Filho. Obtive tantos outros milagres, para mim, minha família, amigos e amigos de amigos, que intimamente, e com o maior respeito, a trato por Cidinha. E sempre que preciso renovar minhas forças e encontrar um caminho é para seu Santuário que me dirijo. Porque, como diz a letra da música 'Romaria', 'Sou caipira Pirapora, Nossa Senhora de Aparecida, ilumina a mina escura e funda, o trem da minha vida'."

Esse relato fala basicamente de crença e revela um aspecto fundamental no culto a Aparecida: a proximidade da santa com o povo brasileiro. Eliane, que chama Aparecida de Cidinha, "com o maior respeito", é jornalista. E acredita sinceramente em milagre. Porque Eliane tem fé, e essa é a palavra mágica, mais simples impossível. Em português são apenas duas letras, mas com o poder de representar um conceito que há milênios move boa parte do mundo. Racionalmente, a fé não move uma montanha, nenhuma montanha nunca se moveu milagrosamente até hoje, mas move as montanhas que representam as certezas racionais das pessoas. Move a mente do lógico para o inexplicável, para o que não se decifra, para a esperança no amanhã, no depois da morte e no transcendental. Trata-se, simplesmente, de acreditar.

Mas acreditar não apenas em Nossa Senhora Aparecida, que não faz milagres. Quem faz milagre é seu filho, Jesus, e ela é a intercessora, a intermediadora, o caminho e a ponte entre a pessoa que crê e a divindade que proporciona o que parecia impossível. Para obter a graça, é preciso acreditar incondicionalmente em Aparecida e também nos dogmas que compõem a base da Igreja Católica, fundamentais e indiscutíveis para os fiéis. É preciso acreditar, primeiro, em um Deus onipotente e onisciente, que tudo pode e tudo vê, que criou o mundo e teve um filho, Jesus, nascido de Maria, que morreu para salvar a humanidade e se reuniu ao Pai no céu. É preciso crer que Maria foi escolhida por Deus para que fosse a mãe de seu filho e, nessa missão divina, foi preservada do pecado original e concebeu Jesus por graça do Espírito Santo, em virgindade. Uma "imaculada concepção", sem mácula, ou seja, uma imaculada conceição.

Nossa Senhora da Conceição é, portanto, o símbolo desse dogma. E Aparecida é, de origem, Nossa Senhora da Conceição. Esse é um fato, a história. A imagem de Nossa Senhora Aparecida foi moldada por um escultor desconhecido como uma imagem de Nossa Senhora da Conceição. A santinha negra é, definitivamente, Nossa Senhora da Conceição Aparecida.

Trezentos anos atrás, quando o Brasil era colônia de Portugal e não existia como país, por aqui tudo seguia os desígnios da Coroa lusitana. Na época, início do século XVIII, a Imaculada Conceição da Virgem Maria já tinha enorme importância no mundo católico europeu. Era a santa padroeira do reino de Portugal desde 1646, quando foi entronizada no posto pelo rei dom João IV, que chegou a prometer a ela, no nome dele e no dos seus sucessores, o tributo anual de 50 cruzados em ouro e ordenou aos estudantes da Universidade de Coimbra, então uma das mais importantes do mundo, que antes de se formarem deveriam prestar um juramento de defesa da Imaculada Mãe de Deus. Se não jurassem à santa, não receberiam o diploma.

Nossa Senhora da Conceição era poderosa justamente pela força do dogma da Virgem Maria, objeto de discussão desde muito antes do édito de dom João IV. Por volta do ano 350, Efrém da Síria defendia o conceito de que só Jesus e Maria eram puros e sem pecado. No século XIII, a Igreja Católica já cultuava a Imaculada Conceição. No século seguinte, o dogma se estabeleceu na Irlanda e, duzentos anos depois, na Inglaterra. Século a século, espalhou-se pelo mundo como uma das bases mais sólidas da fé católica e objeto de controvérsia entre os teólogos. Há quem afirme que Santo Tomás de Aquino, que se notabilizou pelo esforço em harmonizar ciência e fé, no século XII, não aceitava o dogma da pureza de Maria. Mas, no livro das *Sentenças*, ele escreveu: "Consegue-se a pureza pelo afastamento do contrário. Por isso pode haver alguma criatura que, entre as realidades criadas, nenhuma seja mais pura do que ela, se não houve nela nenhum contágio do pecado? E tal foi a pureza da Virgem Maria, que foi imune ao pecado original e ao atual."

Bem antes, no ano 656, o 10º Concílio de Trento fixou o 8 de dezembro como dia da Imaculada Conceição, quando também alguns cultos no Brasil celebram o dia de Iemanjá, que, para os umbandistas, é a orixá mais popular e mais próxima dos fiéis, a Mãe-d'Água, a Rainha do Mar, a Maria Princesa. E nesse ponto não há choque de crenças nem apenas coincidência, e sim a união de diferentes vertentes de fé. Porque, como já foi dito, trata-se exclusivamente de fé, qualquer que seja sua manifestação, sua origem ou sua cor. Cada qual com seu deus, cada um acreditando que há mais do que parece, na determinação de crer que a vida não se resume a nascer, crescer, procriar, batalhar o tempo todo e depois se resignar ao destino de que tudo simplesmente acaba na morte, sem nenhuma esperança de redenção. Ninguém vive sem esperança, e a fé religiosa é a resposta que a humanidade criou para dar algum sentido à vida, para acreditar que a morte não é o fim inevitável.

No começo do século XVIII, quando os três pescadores de Guaratinguetá retiraram de sua rede primeiro o corpo de uma pequena imagem de barro, depois a cabeça, as pessoas pareciam acreditar bem mais intensamente no indecifrável do que se acredita hoje, ou, pelo menos, manifestavam mais claramente sua crença. Era difícil não encontrar em uma casa, por mais humilde que fosse, um pequeno oratório com a imagem de um santo ou de uma santa ou uma pintura com tema religioso pendurada na parede mais visível da casa. Naquele tempo, os santeiros que fabricavam as imagens religiosas eram numerosos e valorizados. Não havia produção em série, nem moldes como os de hoje que multiplicam em gesso e em volume industrial a criação de um artista. Era um trabalho artesanal, geralmente feito por religiosos, e cada imagem tinha características únicas, esculpidas em madeira ou moldadas em barro ou metal. Foi assim que em data e lugar desconhecidos um escultor anônimo, por mais esforço que tenha sido feito para identificá-lo, moldou em barro a imagem original da Nossa Senhora Aparecida que hoje é cultuada com tanta devoção e fé naquele pequeno nicho na parte da frente do andar térreo do Santuário Nacional.

Mas por que se afirma que essa imagem representava, originalmente, Nossa Senhora da Conceição? Para começar, porque em 1717 a maioria das esculturas de santas feitas no Brasil era de Nossa Senhora da Conceição, a padroeira de Portugal, representante da fé que a Corte queria reproduzir em massa em sua colônia ultramar para converter ao catolicismo a gente bárbara que aqui vivia, de acordo com a visão europeia. E porque, acima de tudo, não há como duvidar do que afirma o reitor do Santuário de Aparecida, padre João Batista de Almeida. Ele elimina qualquer dúvida com convicção: "É Nossa Senhora da Conceição, com certeza, porque ela está grávida. Ela não tem o Menino no colo, como a clássica imagem de Nossa Senhora da Conceição, porque O tem na barriga. Ela está grávida de Jesus. Ela não O deu à luz ainda. Foi a gravidez que a identificou. Basta olhar para a imagem com atenção para comprovar que ela está grávida."

Não há mesmo como discordar do padre João Batista, que é, simplesmente, o homem que guarda a chave. Ser o reitor do Santuário de Aparecida é uma honra para poucos e também uma imensa responsabilidade. No organograma oficial de Aparecida, o reitor está abaixo apenas do arcebispo, o cardeal dom Raymundo Damasceno Assis, líder espiritual máximo da diocese. No cargo desde janeiro de 2016 e com permanência até janeiro de 2018, o padre João Batista é, de fato, o real administrador do Santuário. Entre suas atribuições está nada menos do que ser o guardião da chave do nicho da imagem de Nossa Senhora Aparecida. É isso mesmo: é dele a tarefa de guardar e proteger a chave daquele pequeno retábulo em que fica a verdadeira, maltratada e autêntica imagem da santinha de Aparecida, no lugar mais cultuado do Santuário. Se não houver um motivo muito especial, tão especial quanto a visita de um papa, o padre João Batista só usa a chave uma vez por ano, a fim de abrir o nicho e tirar a imagem para que seja realizado o processo regular de manutenção.

O padre João Batista é o superior das Casas Redentoristas de Aparecida e coordena os trabalhos religiosos realizados no Santuário, as celebrações, as confissões e o atendimento às romarias, entre muitas outras tarefas. Ele também se responsabiliza pela parte administrativa e pelo relacionamento com as autoridades religiosas e civis. Ou seja, considerando o Santuário Nacional como uma grande organização, como o é de fato, o reitor seria o CEO, o primeiro executivo, responsável pela administração de uma estrutura gigantesca e sofisticada, com 1.900 funcionários, que precisa criar as condições necessárias para receber 12 milhões de pessoas por ano — 12 milhões, numa cidade de 30 e poucos mil habitantes! Em sua sala simples e despojada no Santuário, a poucos metros da imagem autêntica, o padre João Batista confirma a crença de que o artesão desconhecido do começo do século XVIII moldou mesmo uma Nossa Senhora da Conceição, embora as representações dessa santa, em geral, de fato mostrem a seus pés uma meia-lua, uma serpente, anjos e nuvens, e às vezes o Menino no colo. O padre João Batista pega ao lado de sua mesa uma réplica exata da imagem de Aparecida, tira o manto azul e mostra o ventre, que realmente é mais saliente do lado direito. "Veja, ela está grávida", ele afirma, com convicção. "Por isso Aparecida é Conceição."

Num texto elaborado pelos padres redentoristas que administram o Santuário, com o título de "Mensagem de Aparecida", esse e outros simbolismos são destacados: "Maria Aparecida nos traz Jesus. A imagem pequenina é uma escultura da Imaculada Conceição. Ela está grávida, porque a missão de Maria é oferecer-nos Jesus, fruto bendito do seu ventre. A imagem não traz o Menino, significativamente para nos ter — a todos nós — em seu colo. Maria Aparecida nos reúne em comunidade. A cabeça vem separada do corpo. Tal separação representa, simbolicamente, o Povo de Deus como corpo e o próprio Cristo como cabeça de uma nova humanidade. É preciso unir corpo e cabeça para que o povo se torne corpo místico de Cristo. Maria Aparecida nos convida a ser Igreja. Foi pescada e colocada dentro de uma barca. A barca é o símbolo evangélico da Igreja de Jesus. Ela nos convida a viver dentro da Igreja, como participantes fiéis e ativos."

A "Mensagem" afirma ainda que Aparecida ensina a humildade: "A imagem pequenina, de 36 centímetros apenas, quase se esconde dentro da imensa basílica. É preciso ser humilde para que o Senhor possa fazer grandes coisas em nossas vidas." E prossegue na explicação dos simbolismos: "Maria Aparecida brota das águas. A água é elemento de vida e de purificação. Ela nos lembra a importância do nosso batismo como novo nascimento e da confissão como purificação e perdão. Maria Aparecida é solidária com os pobres. Fez-se pescar por três pescadores pobres e trabalhadores. A pescaria milagrosa os liberta da ameaça dos poderosos. E a casa desse pescador se torna o primeiro templo de Nossa Senhora Aparecida."

O texto completa: "Maria Aparecida é solidária com os negros. A cor negra da imagem traduz a solidariedade de Maria com a raça negra, tão injustamente escravizada. Sua cor denuncia o pecado do preconceito racial e de toda exclusão. Anuncia a esperança de libertação. Maria Aparecida é esperança de unidade. A imagem encontrada — primeiro o corpo e depois a cabeça — foi reciclada e sua unidade foi refeita. Ela nos mostra que sempre é possível reconstruir a unidade dentro e fora de nós, por meio do carinho, do amor, da paciência. Maria Aparecida é o sorriso de Deus para nós. Os lábios da imagem estão entreabertos num doce sorriso.

É um sorriso de bondade maternal, que alimenta nossa confiança na misericórdia de Deus para conosco."

Diferentemente das santas católicas — como Santa Marta, Santa Bárbara, Santa Inês, Santa Rita de Cássia e tantas outras — que foram mulheres reais e em vida praticaram atos de fé e concederam graças comprovadas que as levaram ao estado de santidade, as várias Nossas Senhoras não representam pessoas de verdade. Todas são manifestações de Maria, a mãe de Jesus, a Senhora que se manifesta de diferentes maneiras em diferentes lugares: Aparecida, Lourdes, Fátima, Guadalupe, Medjugorje, Luján e as demais que se tornaram a fonte de fé de muitos milhões de pessoas em todo o mundo. Para uma mulher de carne e osso ser santificada é preciso um longo, difícil e oneroso processo, que envolve a comprovação de milagres pelo Vaticano, como aconteceu com Madre Teresa de Calcutá, canonizada em setembro de 2016. Para as "Senhoras" como Aparecida nada disso é necessário. Toda Nossa Senhora é Maria, e não é preciso que o Vaticano comprove nenhum milagre. Basta a fé dos fiéis, e fé é algo muito especial, bem além da pura razão.

A fé tanto atrai a beleza de acreditar num milagre de Aparecida e na vida eterna como está por trás das atrocidades cometidas pelo Estado Islâmico em nome de Alá e dos pilotos suicidas que dirigiram os aviões para o World Trade Center, assim como daqueles que se explodem com as bombas presas em seus corpos em vários lugares do mundo. A fé move tanto o poder incalculável do Vaticano como os fundamentalistas que provocam delitos abomináveis sem explicação aparente. E há algo errado na fé de católicos, evangélicos, budistas, espíritas, judeus, muçulmanos, umbandistas ou nos crentes de outras tantas religiões que existem no mundo? Basicamente, não. Errado é o modo como alguns interpretam a mensagem de fé. De maneira correta ou repleta de falhas, todos creem que estão certos e que os outros estão errados, e até encontram razões históricas para esse equívoco fundamental. Jesus, Alá, Krishna, Tupã, Buda e todos os outros deuses são absolutamente reais para quem neles crê. Tudo é uma questão de fé, ou de interpretação do que pregam os livros religiosos. A diferença mais importante, porém, o que realmente salta aos olhos, é que a fé em Aparecida é incapaz de fazer mal a alguém. Ao contrário, é uma fé doce e pacífica, que começa e termina no amor e só resulta em bem.

Os dicionários definem fé como crença, crédito, convicção da existência de algum fato não comprovado cientificamente, a coragem de acreditar sem desconfiança em algo que queremos fortemente que exista e estamos dispostos a fazer sacrifício para consegui-lo. Fé é, também, confiança e esperança de que haverá alguma retribuição, neste mundo ou em outro. Sempre há um elemento de reciprocidade na fé, um ato de confiança que implica restituição. O teólogo brasileiro João Batista Libânio diz que "crer" vem do verbo latino *credere*, que por sua vez se origina da expressão *cor + dare*, ou dar o coração a alguém: "Fé é, pois, antes de tudo, dar a Deus o coração, entregar-Lhe o íntimo do nosso ser, pôr à Sua disposição o cerne de nossa pessoa, oferecer-Lhe nossa liberdade num gesto de dádiva confiante, prestar-Lhe fiel obediência como a testemunha veraz." Calvino, por sua vez, sugeriu que "a fé é uma visão das coisas que não se veem".

Padre João Batista, o reitor de Aparecida, lembra que São Paulo disse que fé é viver agora aquilo que se espera viver no futuro. "É a antecipação daquilo que você espera. Creio que podemos dizer que a fé é algo que eu busco para dar sentido à minha vida. Para que eu continue vivo. É aquela grande certeza, a certeza que me faz caminhar. Eu entro num carro aqui em Aparecida e tenho a certeza de que vou chegar a São Paulo. E nisso eu faço um gesto de fé. Mas, quando se fala de religião, é um pouco mais do que isso. Porque nós não estamos falando de algo que vai terminar agora. É algo que me projeta para um lugar que eu não conheço ainda, que espero conhecer e vivo em função dessa esperança. Essa é a fé religiosa. O sujeito é capaz até de se atirar à morte porque ele tem a certeza de que vai viver muito melhor do que está vivendo agora. É uma aposta que você faz. É algo que está além de mim, que as minhas forças não são capazes de entender, mas eu sei que tem alguém que é muito maior do que eu, e isso explica tudo. Isso é fé."

O reitor, nessa explicação, refere-se diretamente à Epístola aos Hebreus, ou Carta aos Hebreus, um dos livros do Novo Testamento, atribuída ao apóstolo Paulo, segundo a qual é pela fé que se torna possível compreender que o universo foi organizado pela palavra de Deus. O texto é este: "A fé é um modo de já possuir o que ainda se espera, a convicção acerca de realidades que não se veem. Foi a fé que valeu aos antepassados um bom testemunho. Foi pela fé que Abraão obedeceu à ordem de partir para uma terra que devia receber como herança, e partiu sem saber para onde ia. Foi pela fé que ele residiu como estrangeiro na terra prometida, morando em tendas com Isaac e Jacó, os coerdeiros da mesma promessa. Pois esperava a cidade alicerçada que tem Deus mesmo por arquiteto e construtor. Foi pela fé também que Sara, embora estéril e já de idade avançada, se tornou capaz de ter filhos, porque considerou fidedigno o autor da promessa. É por isso também que de um só homem, já marcado pela morte, nasceu a multidão comparável às estrelas do céu e inumerável como a areia das praias do mar. Todos esses morreram na fé. Não receberam a realização da promessa, mas a puderam ver e saudar de longe e se declararam estrangeiros e migrantes nesta terra. Os que falam assim demonstram que estão buscando uma pátria e, se se lembrassem daquela que deixaram, até teriam tempo de voltar para lá. Mas, agora, eles desejam uma pátria melhor, isto é, a pátria celeste. Por isso Deus não se envergonha deles, ao ser chamado o seu Deus. Pois preparou mesmo uma cidade para eles. Foi pela fé que Abraão, posto à prova, ofereceu Isaac; ele, o depositário da promessa, sacrificava o seu filho único, do qual havia sido dito: 'É em Isaac que uma descendência levará o teu nome.' Ele estava convencido de que Deus tem poder até de ressuscitar os mortos e assim recuperou o filho — o que é também um símbolo."

E, em relação aos simbolismos, padre João Batista diz que estes são requisitos indispensáveis da fé e da própria religião. Ele lembra que a Bíblia começou a ser escrita por teólogos da corte de Salomão porque esse rei percebeu que nada teria existência futura se não houvesse registro: "Então, homem sábio que era, Salomão falou: precisamos escrever essa história, porque senão quem vier depois da gente não vai saber de nada disso. E assim nasceu a teologia, a busca da compreensão da fé. Por que escreveram que Adão e Eva existiram? Era uma maneira simbólica de explicar que Deus está por trás de tudo, que Deus é a força de tudo aquilo que existe, de uma forma tangível. Como é que você vai transformar um mistério em algo compreensível, como vai explicar o mundo da fé? Você tem de contar uma história. A Bíblia é um relato da fé e o relato da ausência de fé. Quando a fé predomina, parece que as coisas vão muito bem.

Quando as pessoas não são guiadas pela fé, elas caem. É a liberdade e a escravidão, a luz e as trevas, a eterna dicotomia. Por quê? Para perceber que onde a fé predomina as coisas correm melhor. Então, de um lado existem os simbolismos para explicar a fé, como Adão e Eva, e de outro existem os fatos. Aparecida é um fato, um evento, assim como Medjugorje, Lourdes, Luján e Fátima. Todos esses fenômenos têm algo em comum, que são as situações em que as pessoas fizeram uma leitura do mundo a partir da fé", diz o padre.

3

A origem do culto

A referência do padre João Batista ao caráter basicamente simbólico do mito de Adão e Eva e à necessidade de se contar uma história para explicar o mundo tem uma importância maior do que parece à primeira vista. O reitor do Santuário é racional, analítico e pragmático em relação aos dogmas e à doutrina da Igreja, e é exatamente isso o que dá veracidade à sua fé em Aparecida, à fé absoluta que explica o fenômeno do culto e a proximidade que os fiéis, como Eliane Auxiliadora e tantos outros milhões de brasileiros, sentem no relacionamento com a santa.

A fé é a base de todas as religiões, de todas as igrejas que dela dependem para existir e por ela tudo organizam com muito cuidado, ordem, hierarquia e planejamento, de cima para baixo, dos poderosos para os humildes. Porém, no caso da santinha escura que apareceu na rede dos pescadores, o culto surgiu na ordem inversa. Nasceu de baixo para cima, do povo para a Igreja, e não ao contrário, como costuma acontecer com as bases das religiões. Principalmente porque já surgiu milagrosa, jogando na rede dos pescadores Domingos

Alves Garcia, João Alves e Filipe Pedroso uma grande quantidade de peixes, depois de horas e horas de uma pescaria sem resultado. Esse que é considerado "o primeiro milagre de Aparecida" tem um imenso valor simbólico, como lembra padre João Batista, o reitor do Santuário: "O que aconteceu com os três pescadores no rio Paraíba do Sul em 1717 pode ser relacionado diretamente ao Evangelho. Os apóstolos, quando foram chamados, precisavam de um argumento, de uma realidade física, e essa realidade foi a pesca abundante de Pedro, o milagre dos peixes da Bíblia."

De fato, não há como deixar de ligar a pesca no porto de Itaguaçu a dois eventos da vida de Jesus relatados nos Evangelhos, em que os apóstolos tentam conseguir peixes sem sucesso no mar da Galileia e depois são recompensados com redes fartas, por graça do filho de Deus. A primeira pesca está no Evangelho de Lucas e os pescadores eram Pedro, Tiago e João. Depois que os peixes apareceram, Jesus disse a Pedro que, dali em diante, ele seria "pescador de homens". A segunda pesca está no Evangelho de João, ocorrida na noite seguinte à Ressurreição, e envolveu sete discípulos que viram Jesus redivivo e pescaram 153 peixes.

São dois episódios fundamentais do dogma cristão, que o padre João Batista relaciona diretamente à pescaria que ocorreu em outubro de 1717 em Guaratinguetá e ao surgimento do culto a Aparecida: "Tudo isso nos ajuda a pensar em Aparecida não como um acaso, um acidente da história, mas como algo do querer de Deus." A respeito do nascimento espontâneo do culto e da proximidade que os fiéis têm com a santa, às vezes chamada até de Cidinha, o padre observa: "Aparecida não nasceu rainha, não é? Ela é rainha porque cresceu nos braços do povo. Porque é como a história do Natal. Jesus não nasceu num palácio, mas numa manjedoura. Porque tudo o que parece que vem de cima para baixo, humanamente falando, tem aparência de algo imposto. Mas o que surge do coração do povo é como a maneira de Lucas descrever o Natal: os pastores vão visitar o Menino, Mateus prefere que os reis visitem o Menino. Tudo isso a gente vê aqui em Aparecida, em vários momentos do ano. Um deles, por exemplo, acontece quando tem a festa de São Benedito e vêm as congadas, vêm os moçambiques, e vêm com todo aquele ritmo próprio para homenagear Nossa Senhora, pedir licença para entrar na casa dela. A gente sente que não é algo imposto. É uma devoção que surge espontaneamente. Assim como vem o humilde, vem o empresário que desce aqui com o helicóptero dele. Todos se sentem particularmente abençoados." Para o padre João Batista, é isso o que explica a proximidade dos devotos com a santa, a intimidade desconcertante, a falta de cerimônia. Aparecida está ao alcance da mão, dá para conversar com ela como a amiga, a mediadora, a intercessora, alguém que ouve e entende os problemas das pessoas.

E o que explica tanto o pouso dos helicópteros dos ricos e famosos como essa proximidade com os humildes e anônimos teve origem naquele 17 de outubro de 1717. No dia anterior, ainda bem cedo, Domingos, Filipe e João dedicaram suas orações a Nossa Senhora e saíram de suas casas em Guaratinguetá para cumprir uma missão importante: pescar a maior quantidade possível de peixes para o banquete que seria oferecido no dia seguinte à comitiva de dom Pedro Miguel de Almeida Portugal e Vasconcelos, governador da capitania de São Vicente, que passaria por ali em sua viagem pela Estrada Real a caminho de Minas Gerais. A encomenda dos peixes havia sido feita pela Câmara de Guaratinguetá, que pretendia oferecer um banquete ao nobre português de nome comprido e credenciais duvidosas, para que a cidade fizesse boa figura.

Então, de um lado havia um acontecimento oficial, que envolvia a passagem de um representante da Corte portuguesa por um vilarejo paulista e o desejo das autoridades locais de recebê-lo à altura, e de outro a falta de recursos para oferecer um jantar que, para ficar minimamente decente, naquela pequena cidade do interior, teria de contar com os peixes do rio Paraíba do Sul. O motivo de tanta correria, o nobre Pedro Miguel de Almeida Portugal e Vasconcelos, tinha apenas 28 anos e chegara de Portugal em junho de 1717 para tomar posse do cargo de governador e capitão-geral da Capitania de São Vicente, que na época abrangia o que são hoje os estados de São Paulo e Rio de Janeiro. Com o tempo, Pedro Miguel adquiriu vários títulos, entre os quais os de conde de Assumar, comendador da Ordem de Cristo do Conselho de Sua Majestade, comendador da Ordem de São Cosme e Damião, vice-rei das Índias, Marquês de Castelo Novo e de Alorna e sargento-mor de batalha de seus Exércitos. Mas também adquiriu fama de homem cruel e ambicioso, ainda inexperiente para a importância do cargo que ocupava e com visão rudimentar do lugar em que estava, no papel de autoridade máxima. Se for preciso dar algum crédito a Pedro Miguel pelo encontro da imagem de Aparecida e ao culto que se seguiu, será preciso recorrer à ideia de que Deus às vezes escreve mesmo por linhas tortas.

Como uma de suas primeiras missões no Brasil, Pedro Miguel queria conhecer as minas de ouro de São João del-Rei e Vila Rica, nas Minas Gerais. As viagens eram lentas na época, em lombo de burro e carroças, e o conde deveria chegar a Guaratinguetá em 17 de outubro, depois de paradas para descanso em Mogi das Cruzes, Jacareí, Caçapava, Taubaté e Pindamonhangaba. Em Guaratinguetá, ficaria até o dia 30, à espera de sua bagagem, desembarcada em agosto no porto de Paraty.

Na verdade, ninguém sabe ao certo o que aconteceu naquela madrugada mágica no Paraíba do Sul. Algumas versões mais detalhadas dão conta de que na tarde de 16 de outubro, na primavera brasileira, quando a Câmara de Guaratinguetá fez o apelo aos pescadores, a temperatura era amena e havia uma brisa suave que agitava os galhos das árvores. A maioria dos pescadores partiu do porto de José Correia Leite, com a promessa de uma boa paga pela pescaria, para navegar acima e abaixo no Paraíba do Sul, mas as horas passavam e os peixes não apareciam. Mesmo para uma época pouco propícia, a pesca estava anormalmente ruim. Os pescadores jogavam suas redes, e nada. Pouco antes da meia-noite a maioria desistiu, aceitando que os peixes haviam decidido ir para outro lugar do rio longe de Guaratinguetá, sabe-se lá por quê. Poucos continuaram tentando, e no fim só permaneceu o barco de Domingos, João e Filipe, que tinham laços de parentesco direto ou por afinidade. Domingos era pai de João e cunhado de Filipe. Portanto, Filipe era tio de João. Era uma pesca em família. Ao romper da madrugada, a correnteza do rio levou a canoa para longe de onde haviam iniciado a pesca, e já estavam perto do porto de Itaguaçu. O jovem João Alves brincou: "Mas será que pescaram todos os peixes do rio e esqueceram de nos avisar?" A insistência em seguir na pesca sem resultados se devia à necessidade de ganhar o bom dinheiro que a Câmara prometera, um bom reforço no orçamento da família, por isso os três viraram a noite e não se deram por vencidos. Com o avançar das horas, parecia que

40 / NOSSA SENHORA APARECIDA

haviam se conformado e ficaram em paz. Então aconteceu o inesperado. Ao jogar e recolher novamente a rede, João, o mais novo dos três, encontrou a imagem de terracota, material que na época era chamado de barro paulista. Mas a imagem estava sem a cabeça. João mostrou a santa a Domingos e a Filipe, tirou a camisa, embrulhou a imagem nela em sinal de respeito e a colocou em um canto protegido no fundo do barco. Depois de remar mais um pouco, João lançou de novo a rede e recolheu o que logo percebeu ser a cabeça da imagem. Os pescadores ficam admirados. Como é possível? Como é que a rede conseguiu pegar essa cabecinha tão pequena no meio do lodo no fundo do rio? Viram que a cabeça se encaixava no corpo da imagem, perceberam que não era algo comum e um arrepio percorreu a pele dos três pescadores. João guardou a cabecinha em sua camisa, juntamente com o corpo de barro, e, maravilhado pelo mistério do que havia acontecido, lançou de novo a rede. E os peixes vieram, em grande quantidade, o suficiente para encher o barco e a mesa do nobre português. E já naquele dia, trezentos anos atrás, houve quem falasse em milagre. Dali em diante se seguiram três séculos de fé e devoção, derivadas de um fenômeno sem igual.

Muito se especulou a respeito da proximidade entre o corpo e a cabeça da imagem no leito do rio. É pouco provável que as duas peças tenham sido jogadas fora ali mesmo no porto de Itaguaçu, já que não havia casas por perto. Acredita-se que as duas partes tenham sido atiradas de outro lugar e foram levadas pelas águas, e quanto a isso o padre João Batista faz uma observação: "São os grandes mistérios que não têm comprovação. Se o corpo e a cabeça da imagem foram jogados ali e ficaram lado a lado, apesar da corrente do rio, foi um milagre.

Se foram jogados de outro lugar e levados pelas águas, então se trata de um milagre ainda maior. Como é que o corpo e a cabeça, separados, vieram parar no mesmo ponto do rio? E como a rede conseguiu pegar as duas peças no leito do rio? Não há como responder, e só podemos fazer elucubrações e absorver o mistério", diz o reitor.

Antes de entregar os peixes à Câmara de Guaratinguetá e receber o pagamento, os três pescadores levaram a imagem para a casa de Domingos e a deixaram com a mulher dele, Silvana da Rocha Alves, mãe de João e irmã de Filipe. Não existia cola na época, tudo era improvisado, e Silvana usou cera de abelha para unir a cabeça ao corpo da imagem, que estava escurecida pelo tempo passado no leito do rio. Durante dez anos, a pequena Nossa Senhora permaneceu num oratório na casa de Domingos e Silvana, que recebiam amigos e parentes para rezar o terço à frente daquela imagem aparecida de modo tão inexplicável, e demorou até que o culto à santa envolvesse um número maior de pessoas. Não havia motivos para que fosse diferente. Quase dez anos depois, quando Domingos e Silvana já haviam falecido, Filipe Pedroso se tornou o guardião da imagem da santinha escura, maltratada pelos anos em que permaneceu no rio e remendada com as colas improvisadas que havia na época — várias vezes a cabeça se soltou e foi firmada com cera de abelha.

Filipe morava num lugar que era conhecido como Terras de Lourenço de Sá. Depois se mudou para Ponte Alta e em seguida para uma casa perto do porto de Itaguaçu, onde a imagem havia sido encontrada, um local que hoje fica no caminho de quem chega a Aparecida pela Via Dutra em direção ao Santuário e tem uma pequena rua repleta de lojinhas que vendem todos os tipos de imagens da santa, de todos os preços. Esse lugar se tornou um importante ponto turístico de Aparecida, e a partir dali é possível navegar de barco pelo trecho do rio em que a imagem foi encontrada. Filipe morreu em 1739, 22 anos depois da pesca milagrosa. Pouco tempo antes, ele havia deixado a imagem com seu filho, Atanásio Pedroso, que resolveu construir um pequeno oratório no quintal de sua casa.

O que Atanásio não esperava é que, aos poucos, as pessoas que iam rezar no altar humilde começassem, cada vez mais, a espalhar a notícia de que a santa fazia milagres. Essas conversas chegaram aos ouvidos do pároco da igreja matriz de Guaratinguetá, padre José Alves Vilela, que resolveu verificar melhor a história, conversou com as pessoas, viu que algo diferente estava mesmo acontecendo e, seguindo a regra da época, mandou que João Potiguá, um de seus sacristãos, desse uma conferida no tal oratório de Itaguaçu. O sacristão cumpriu a tarefa: foi algumas vezes ao quintal de Atanásio, conversou com várias pessoas e depois de alguns dias disse ao padre que o assunto era mesmo sério. Algo fora do comum estava acontecendo por ali. O padre Vilela então somou dois mais dois, lembrou o que havia ouvido dos relatos a respeito da história da pesca milagrosa de 1717, o encontro do corpo e da cabeça da imagem, os testemunhos das graças que as pessoas vinham obtendo e registrou tudo num documento. Percebeu que valia a pena levar a questão aos seus superiores, que seria bom para a Igreja, pois os milagres atribuídos à imagem seriam positivos no trabalho de atração dos fiéis, e viu que aquele, definitivamente, não parecia um caso banal.

E foi à luta. Conseguiu juntar dinheiro para construir uma pequena capela de pau a pique bem ao lado da casa de

Atanásio, no porto de Itaguaçu, e com satisfação assistiu ao crescimento do culto à santa, que ainda não era Aparecida. Era uma Nossa Senhora da Conceição escurecida, pequena, com menos de 40 centímetros de altura, a cabeça mal colada ao corpo, sempre precisando de conserto, mas capaz de fazer grandes milagres. Mas, à medida que a imagem da santa aparecida no rio se tornava famosa, e de tanto falarem em aparecida daqui, aparecida dali, o nome pegou, ganhou a letra A maiúscula e finalmente se tornou Aparecida, a mediadora de milagres e intercessora de muitas graças. Com a adesão oficial da Igreja ao culto, na pessoa do padre Vilela, a crença popular cresceu num ritmo ainda mais rápido e logo a capelinha de Itaguaçu ficou pequena. Por volta de 1743, 26 anos depois do encontro da imagem, padre Vilela seguiu em frente e conseguiu a autorização do bispo do Rio de Janeiro para construir uma capela à altura dos feitos da santinha. Dois anos depois, o templo foi inaugurado no morro dos Coqueiros, com paredes de taipa de pilão.

E bastaram mais algumas décadas para que a pequena imagem da Senhora Aparecida se tornasse objeto da maior devoção já vista no país e fosse consagrada como protetora das grávidas, dos recém-nascidos, dos rios e mares, do ouro, do mel e da beleza. Cento e dezessete anos depois da "pesca" da imagem, foi iniciada em 1834 a construção de uma igreja de verdade para a santinha, a atual Basílica Velha, no centro da cidade de Aparecida, inaugurada em 1888. Em 29 de abril de 1908 a igreja foi elevada a Basílica Menor, e daí em diante não faltaram tributos e homenagens a Aparecida, a santinha brasileira, escura, humilde, não muito atraente, semelhante a boa parte do povo que a cultuava.

44 / NOSSA SENHORA APARECIDA

Evidentemente, não existe uma única imagem real ou foto de Domingos Alves Garcia, João Alves e Filipe Pedroso. Raramente se documentava algo não oficial na época. A fotografia só seria inventada dois séculos depois, mas não há nem mesmo uma pintura que tenha retratado como eles eram de fato, o jeito de cada um, a idade exata, o tom da pele e a cor do cabelo, a altura, o jeito de falar, o temperamento, como viviam, do que gostavam, o nível de vida, a situação econômica, a casa em que moravam. Nada se sabe deles além do que foi mal transmitido oralmente, século a século. O que não falta são pinturas e esculturas dos três pescadores, como as que se veem na Basílica Nova, nas lojas e no porto de Itaguaçu, mas tudo consiste em nada mais do que representações livres, criadas pela imaginação dos artistas, que nada têm a ver com pessoas reais. Mas são os três, Domingos, João e Filipe, a fonte primária de uma história que ganhou força incomum e permanece viva e forte trezentos anos depois, com base sólida ali, à margem do rio Paraíba do Sul e da Via Dutra, meio caminho entre São Paulo e Rio de Janeiro, na cidade de Aparecida, que era apenas um povoado do município de Guaratinguetá naquele domingo de 1717.

4

Maior do que a cidade

A vila de Aparecida só foi criada em março de 1842, pela Lei Provincial nº 19. Em 1928, pela Lei nº 2.312, o povoado que crescera em torno da igrejinha no morro dos Coqueiros foi emancipado de Guaratinguetá e se tornou o município de Aparecida, em homenagem à santa, como não podia deixar de ser, ponto de convergência de fiéis de todas as partes do mundo. Foram necessários 211 anos, mais de dois séculos, para que o lugar do encontro da imagem se transformasse em um município independente, com nome próprio. Em 1930, Nossa Senhora Aparecida foi proclamada Padroeira Principal do Brasil, por decreto do papa Pio XI, e em 1955 iniciou-se a construção da Basílica Nova, consagrada em 1980 pelo papa João Paulo II como o maior santuário mariano do mundo.

É esse templo grandioso que, o ano inteiro, atrai milhões de pessoas. Na mesa do reitor do Santuário fica um relatório que, dia a dia, registra o número de visitantes a Aparecida, e nele é possível comprovar o poder da santinha: foram 12.225.608 fiéis em 2014 e 12.112.583 em 2015. Essa pequena queda é atribuída à crise econômica do país, mas ninguém duvida que 2017 registrará um recorde absoluto de visitantes, com o auge no 12 de outubro, dia da padroeira e feriado nacional, estendendo-se por toda a semana, na celebração dos trezentos anos de fé e devoção. Com muita antecedência, essa comemoração foi preparada cuidadosamente, como um momento perfeito para a renovação da fé em Aparecida em uma festa magnífica.

A verdade é que a santa ficou muito maior do que a cidade, cujos poucos mais de 36 mil habitantes não conseguiriam ocupar plenamente a imensa Basílica Nova. Mas não é só isso. Deixando de fora as atividades direta e indiretamente relacionadas à fé e a beleza do rio Paraíba do Sul, no vale emoldurado pelos contrafortes da serra da Mantiqueira, não há muita coisa para ver em Aparecida. Na área rural há um pouco de cultura de arroz, cana, milho e mandioca. Os rebanhos bovinos, suínos e de aves têm pequena expressão, assim como o setor industrial. A maior fonte de empregos é mesmo o Santuário, já que seus quase 2 mil funcionários representam cerca de 6% da população. Para resumir, a base da economia do município é mesmo a santa. É dela que vivem as cinco dezenas de pequenas indústrias que fornecem as imagens e mil outros itens para as mais de quatrocentas lojas de artigos religiosos e para as quase 2.500 bancas de comércio ambulante existentes na vizinhança do Santuário. Também é quase exclusivamente para receber os visitantes que existem mais de cem hotéis na cidade, de todas as categorias, com mais de 12 mil leitos, a maioria com diárias de baixo custo, para permanência de uma ou duas noites.

O melhor desses hotéis é o Rainha do Brasil, que pertence ao próprio Santuário. É o único quatro estrelas da cidade, e seus quinze pavimentos se destacam na paisagem de raros prédios altos no vale que se esparrama às margens do rio Paraíba. O Rainha do Brasil fica a 700 metros da Basílica Nova, cobra diárias de casal em torno de R$ 280 e tem 330 apartamentos com as amenidades comuns em sua categoria. Quem se hospeda ali sente que, de alguma forma, está ajudando os padres redentoristas e, consequentemente, o esforço para engrandecer a santinha.

A verdade é que, aparentemente, a cidade de Aparecida renunciou a desenvolver outras atividades e a criar uma personalidade independente da santa. Rendeu-se ao culto, limitou-se ao turismo religioso e perde na comparação entre a paz que se sente nas dependências do Santuário, com a impressão de coisa bem-feita que se percebe ali, e o contraste com a falta de graça geral de seus restaurantes e hotéis pouco atraentes, das intermináveis e quase idênticas lojinhas de objetos religiosos e dos ambulantes que vendem praticamente os mesmos itens. Com atenção, ainda é possível perceber detalhes preservados de tempos antigos, da época áurea do Vale do Paraíba das ricas culturas de café e, antes, passagem obrigatória de quem ia e vinha dos grandes centros do período colonial. Na praça da Basílica Velha, por exemplo, ainda se veem imóveis do fim do século XIX e início do século XX, ocupados por restaurantes e lojas, mas a impressão geral é que o comércio e os prestadores de serviços se conformaram em depender da santa e dos fiéis que a procuram. Quando se olha para os lugares que de fato parecem funcionar com perfeição — as dependências do Santuário, o teleférico, os estacionamentos, a rádio e a estação de televisão da cidade —, percebe-se que tudo pertence aos redentoristas de Aparecida. A parte que cabe à cidade parece desleixada, sem muito cuidado.

48 / NOSSA SENHORA APARECIDA

Por exemplo, no fim da longa passarela que liga o santuário à Basílica Velha, na praça Nossa Senhora Aparecida, nº 273, fica o Memorial Redentorista, onde está o túmulo do padre Vítor Coelho de Almeida, um religioso que passou a maior parte da vida na cidade e está prestes a ser santificado. É um lugar surpreendente, pelo capricho que se percebe em todos os detalhes, com tudo para encantar os fiéis, que abriga nada menos do que o túmulo de um padre em processo de beatificação. Se tudo caminhar como esperam os redentoristas, padre Vítor logo poderá se tornar santo, o primeiro de Aparecida, o que seria uma glória para a santinha e seus fiéis, assim como para a própria cidade. Mas o lugar dedicado a sua memória e preparado com tanto cuidado é relativamente pouco frequentado, porque está fora da área do Santuário, de onde a maioria absoluta das pessoas que vão a Aparecida não sai.

O que causa desapontamento é, sobretudo, o não aproveitamento da beleza e da história da região. Quem está no alto de uma das várias colinas em torno de Aparecida, como no ponto mais alto do teleférico, tem uma visão realmente bonita. À frente fica o rio Paraíba do Sul cheio de curvas, remansos e meandros, como se costurasse a cidade, com margens ainda bem preservadas. No fundo, a imponente serra da Mantiqueira, que se estende até onde a vista alcança. Vale, rio e montanha, num lugar em que o ar é limpo e a paisagem brilha. Dá vontade de entrar em um barco e ficar navegando pelo Paraíba do Sul, indo e voltando, de tão bonito que é. Mas tudo isso é pouco aproveitado, já que a cidade decidiu concentrar o foco na santa, e em quase nada mais.

O Vale do Paraíba, de qualquer modo, ocupa hoje um lugar importante no roteiro religioso brasileiro, e não só por causa de

Aparecida, embora esta seja a atração maior, indiscutivelmente. O vale sempre foi importante na história do Brasil, como região propícia para a agricultura e roteiro obrigatório dos tropeiros que movimentavam a economia da colônia e faziam a ligação entre os portos que recebiam as caravelas portuguesas. Depois de aportarem na Bahia, os conquistadores desceram para o sul, chegaram a São Vicente, descobriram a riqueza de Ouro Preto, construíram o Rio de Janeiro, São Paulo e Paraty, no meio do caminho, e ali ergueram suas fortalezas e seus portos. A cidade de Aparecida fica quase na metade da rota que liga São Paulo ao Rio, dois dos mais importantes centros da colonização portuguesa na época, a 179 quilômetros da capital paulista e a 230 do Rio, no rico Vale do Paraíba do Sul.

No século XVIII, época da descoberta da imagem, passavam por Guaratinguetá os comboios de tropeiros que circulavam entre São Paulo, Minas e Rio de Janeiro. Por ali cruzava boa parte de toda a riqueza colonial: café, açúcar, escravos e, principalmente, o ouro e os diamantes das Minas Gerais que enriqueciam a Coroa portuguesa. Hoje, a região concentra os estados que detêm a maior parcela do PIB brasileiro. Abriga um importante polo de alta tecnologia, que se irradia a partir de São José dos Campos, mas conserva também as raízes populares da cultura tropeira e caipira, como, por exemplo, o Museu Mazzaropi, em Taubaté, bem perto de Aparecida.

Mas, além de tudo isso, o vale se tornou um lugar de fé. O rio Paraíba do Sul, berço da santa, corta Aparecida e também municípios como Cachoeira Paulista e Guaratinguetá, que igualmente se tornaram centros de devoção. Em Cachoeira Paulista fica a comunidade Canção Nova, um movimento de evangelização com grande número de adeptos. No município está também o Santuário da Santa Cabeça (outra cabeça de santa com poderes milagrosos, encontrada por pescadores no rio Tietê). Em Guaratinguetá estão o Museu e a Casa de Frei Galvão, o primeiro beato brasileiro, que viveu no século XVIII. Esses três municípios do Vale do Paraíba compõem um circuito religioso poderoso, valorizado pelas agências de turismo, que atrai anualmente mais de 15 milhões de devotos e, nas datas comemorativas, congestionam a Via Dutra. O destino mais procurado, sem dúvida, é Aparecida. Porque não há, entre os centros da fé mariana no Brasil, como concorrer com a santinha de barro, intercessora dos mil milagres.

Em 1940, a publicação anual *Ecos Marianos*, editada desde a década de 1920 pelos padres redentoristas, publicou este texto, com o título "Nossa boa Mãe, a Virgem Aparecida socorre prontamente a todos", em que é abordada a "escolha" da cidade pela santa: "Grande parte dos nossos leitores espera com ânsia os *Ecos Marianos* para se edificar com a leitura das graças e favores concedidos pela Virgem Aparecida a seus devotos filhos que a invocaram nos duros transes de sua vida, sendo por ela benignamente atendidos. E têm razão. Nossa Senhora escolheu esta bendita colina de Aparecida para trono de graças e favores. Mas por que justamente Aparecida? São desígnios da Providência que não nos é lícito esquadrinhar. O fato aí está patente a todos. Graças que se não concedem em outros lugares aqui são distribuídas com abundância. Todas as nações gloriam-se dos seus santuários de Maria, por exemplo, Lourdes, Fátima, Pilar, Pompeia, Loreto etc. São santuários célebres para onde acorrem multidões com o fim de obter favores ou de render graças à medianeira dos dons do céu. Para o Brasil escolheu--se para a Virgem a bela e risonha colina que se ergue graciosa perto do rio Paraíba, entre as duas grandes capitais Rio e São Paulo. Atendendo ao apelo dos brasileiros reunidos aos milhares em Aparecida, e aos pedidos de sábios prelados de nossa terra, a Santa Sé, inspirada por Deus, declarou oficialmente Nossa Senhora Aparecida Padroeira e Rainha do Brasil. A esse título a Virgem Santíssima ainda mais se apraz em espargir seus favores entre os filhos da grande pátria brasileira."

E assim, pouco a pouco, mensagem a mensagem, graça somada a graça, consolidou-se o culto à imagem da santinha negra, criada como Nossa Senhora Conceição e que agora, com o nome de Aparecida, na "bela e risonha colina" às margens do Paraíba do Sul esparge seus favores. A pequena imagem concentrou, desde sempre, a grande fonte da força da fé.

5

A imagem que não deveria mais existir

A própria existência da imagem de Aparecida é um milagre. Por tudo o que a história conta, ela não deveria estar ali naquele nicho, no lugar mais visitado em todo o Santuário. Tudo em torno da pequena escultura de 36 centímetros é envolto em mistério. Trezentos anos depois de ser encontrada nas águas do rio Paraíba do Sul, por mais que tenha evoluído a ciência relacionada à identificação de objetos antigos, nada se sabe a respeito do autor da escultura. Absolutamente nada, zero. Também nada se sabe a respeito da pessoa que comprou a imagem e do que aconteceu com a santinha para que a jogassem no rio. Dizem que a cabeça se descolou numa queda e o dono preferiu jogar fora as duas peças e encomendar outra imagem, em vez de tentar um conserto, já que na época não havia uma cola boa o bastante para que o trabalho ficasse perfeito. Como se tratava de uma Nossa Senhora da Conceição, padroeira de Portugal, provavelmente o dono era português, e já houve tentativas de descobrir sua identidade com base no levantamento das pessoas que moravam na região na época. Mas tudo o que

54 / NOSSA SENHORA APARECIDA

se apurou não passa de suposições. Ninguém sabe, por exemplo, quando a imagem foi feita, se pouco antes de outubro de 1717 ou se muito antes, se ali mesmo na região ou se em algum outro lugar, assim como não se tem ideia de quanto tempo ela passou no leito do rio.

O mais extraordinário é que a pequena e frágil imagem feita de barro paulista sobreviveu a tudo isso e a muito mais. Ela já foi levada de um lado para outro, esteve nas mãos de milhares de pessoas nas procissões e nas mudanças de endereço, foi erguida por papas e autoridades de todos os tipos, a cabeça se soltou do corpo incontáveis vezes e houve até padre que a tratasse como propriedade pessoal e a mantivesse sob sua guarda.

Mas nada se compara ao que aconteceu em 16 de maio de 1978. A respeito desse caso, sim, existem relatos de sobra para descrever aquela noite estranha, uma terça-feira de tempestade, em que, no meio da missa das 20 horas, houve um blecaute e as luzes da igreja se apagaram. Um rapaz de 19 anos, Rogério Marcos de Oliveira, aproveitou a escuridão, correu até o nicho onde estava Aparecida, bateu com força no vidro até quebrá-lo e conseguiu pegar a imagem. Porém, na confusão, a coroa da santa ficou presa num pedaço de vidro e, mais uma vez, a cabeça se soltou e se fez em muitos pedaços ao cair no chão do templo. Justamente nesse momento a luz voltou. Segurando o corpo da santa, Rogério correu para fora da igreja e tentou fugir, foi pego por um guarda do Santuário, chamado João Batista, mas conseguiu se livrar e correu. Nisso, o corpo da imagem caiu ao chão e se estilhaçou, como havia acontecido com a cabeça.

A partir daí foi um caos. Centenas de pessoas testemunharam o que havia acontecido e correram atrás do homem que havia cometido aquela heresia, do homem capaz de roubar e destruir uma imagem que era fonte de fé havia 250 anos. Rogério foi alcançado a mais ou menos dez quarteirões de distância da igreja, já perto do rio Paraíba do Sul, e logo passou a ser agredido pelos fiéis que, mais do que indignados, estavam em transe e aterrorizados pelo medo que sentiam por causa da sensação de perda irremediável da santa. O padre Antônio Lino Rodrigues, que celebrava a missa, ainda tentou acalmar a multidão enlouquecida e começou a dizer, aos gritos, que aquela imagem era falsa, que a autêntica estava guardada em outro lugar. Mas não era verdade, e o padre sabia. A imagem era autêntica, a mesma que fora recolhida pelos três pescadores em 1717, e parecia que o mal maior estava feito. O que o padre Antônio Lino queria, naquele momento, era apenas salvar a vida de Rogério e evitar que aquelas pessoas cometessem um crime grave, o pecado maior.

Dentro e fora da igreja, as pessoas pegavam os cacos que sobraram, às lágrimas, sem entender direito o que havia acontecido. Era uma mistura de tristeza e revolta, medo e raiva, e enquanto isso o homem que provocara o desastre era levado à Santa Casa de Aparecida com cortes na mão e no braço e outros ferimentos leves, antes de ser conduzido à delegacia. Por incrível que pareça não houve nenhuma queixa formal contra Rogério. Ele ficou dois dias preso e depois foi levado a um sanatório, com o diagnóstico de doença mental.

O caso, evidentemente, ganhou as primeiras páginas dos jornais de todo o país. Rogério, que morava em São José dos Cam-

56 / NOSSA SENHORA APARECIDA

pos, a 80 quilômetros de Aparecida, foi chamado de louco, demente, possesso, débil mental, iconoclasta, transtornado, sacrílego. A versão que se tornou mais comum dá conta de que ele havia sido influenciado por um pastor protestante de São José dos Campos, para quem a adoração a imagens era coisa do diabo. Por isso, depois de ouvir o pastor, Rogério viajou a Aparecida decidido a destruir a santa mais cultuada e mais importante do Brasil.

Para o reitor do santuário, padre João Batista de Almeida, a explicação é muito mais simples e prosaica: Rogério Marcos de Oliveira não passava de um ladrão comum que queria conseguir um bom dinheiro com a venda da santa. "Não foi nada disso que falam, de fanatismo, de motivação religiosa. Na verdade, aquele rapaz só queria roubar a imagem. Aproveitou a tempestade e a escuridão, e, quando as pessoas o viram, ele tentou fugir e acabou deixando a santa cair. Talvez a queda até não tenha sido intencional. Ele só queria mesmo era roubar a imagem e vendê-la", resume o reitor, quase quarenta anos depois do incidente.

O fato é que a imagem como ela era já não existia mais. Depois de recolhidos todos os caquinhos e até a poeira do chão da igreja, o que restou foi uma caixa com mais de duzentos pequenos pedaços e um pouco de pó não identificado, um quebra-cabeça que parecia impossível de ser remontado. A primeira ideia foi fazer o trabalho ali mesmo em Aparecida, a cargo de alguns padres que, segundo eles próprios afirmavam, tinham experiência em restauração. Mas logo se viu que aquela era uma tarefa para especialistas, e os cacos da velha imagem foram levados ao Museu de Arte de São Paulo, na avenida Paulista. Ali, a santa destruída foi entregue à restauradora e artista plástica Maria Helena Chartuni, na época com 36 anos, que logo percebeu a grandiosidade do que lhe foi pedido: "Quando tive diante de mim aquela imagem toda esfacelada em mais de duzentos pedaços, por um momento me senti em pânico ante tal responsabilidade. Sabia que, se não desse conta do recado, eu seria vítima de um massacre moral e profissional", lembrou Maria Helena em entrevista concedida ao *Jornal Santuário* em março de 2015.

Mas ela foi em frente, assumiu o desafio e não jogou a toalha nem quando percebeu que faltavam muitos pedaços da imagem, principalmente na cabeça, provavelmente perdidos ou recolhidos pelas pessoas que estavam naquela missa e naquele pesadelo do dia 16 de maio de 1978. Sem alternativa, Maria Helena reuniu toda a sua coragem e refez a imagem, pacientemente, modelando com barro as partes que haviam desaparecido, com base em uma réplica perfeita. Era isso ou nada. Na entrevista ao jornal editado pelo Santuário, ela contou que já não acreditava mais em religião, mas durante o trabalho de restauração acabou por recuperar a fé, por causa de Aparecida, e recorreu a ela para concluir a grande tarefa de sua vida: "Por temperamento — eu não desisto facilmente — e apesar do medo, coloquei-me inteira para completar a reconstrução da imagem. Isso depois de pedir ajuda e proteção a ela, que havia me dado tal tarefa. Eu só tinha um pensamento em mente: fazer o melhor que podia. E acho que deu certo. Só no fim dos trabalhos me dei conta de que recebi dela a força e a calma que me ajudaram a realizar o trabalho mais gratificante de minha vida", afirmou Maria Helena, para completar: "Penso que ninguém que tenha contato com o sagrado permanece a mesma pessoa. Existe uma modificação real e profunda, que se manifesta pouco a pouco, no íntimo. Sou profundamente grata à Mãe de Cristo, que me permitiu voltar à minha fé."

Nos últimos vinte anos, Maria Helena vai anualmente a Aparecida para rever a imagem que reconstruiu — porque, mais do que uma restauração, foi realmente uma reconstrução — e cuidar de sua manutenção. É só nessas ocasiões, uma vez por ano, com exceção da visita de papas, que o reitor do Santuário busca a chave que fica sob sua guarda, em lugar jamais revelado, abre o nicho à prova de bala, retira a preciosa imagem e a entrega a Maria Helena, para que ela, quase cerimonialmente, num trabalho solitário, calmo e paciente, limpe com cuidado a santa e verifique se é preciso fazer algum pequeno reparo. Depois Maria Helena devolve a imagem ao reitor, que a coloca de volta no nicho protegido.

"Maria Helena diz que se converteu ao restaurar a imagem", afirma o padre João Batista. "Refazendo a imagem, ela se refez, essa é a expressão que ela usou. E ela se ofereceu para continuar. Enquanto vida tiver, ela vem e cumpre a missão que se impôs, de cuidar da imagem autêntica, a que foi retirada do rio." É como se a recuperação da fé de Maria Helena Chartuni fosse mais um milagre de Aparecida, na visão do padre João Batista. Simbolicamente, a imagem que fica no nicho na Basílica Nova é, sim, a autêntica, mas, de fato, rigorosamente, não é a que foi retirada do rio. Três séculos depois, aquela pequena imagem, a dos pescadores, não existe mais como era originalmente. Só que isso não importa. Destruída e refeita, maltratada e recuperada, a pequena escultura enegrecida vale pelo que representa, pelo seu imenso valor simbólico, por ser um verdadeiro ímã que atrai a fé de milhões de pessoas, e por ser em si também um milagre, já que não deveria nem existir, por tudo que passou durante trezentos anos. Talvez seja melhor assim. A imagem que se cultua hoje é um milagre em si mesma, de restauração da fé, de seu caráter indestrutível, de recomposição perene.

6

Os redentoristas, o padre João e o carnaval

Os responsáveis pela imagem de trezentos anos e por tudo o mais que acontece no Santuário Nacional, há mais de um século, são os missionários da Congregação do Santíssimo Redentor, os padres redentoristas, cuja história se iniciou em 9 de novembro de 1732. Naquele dia, apenas quinze anos depois do encontro da imagem de Aparecida no rio Paraíba do Sul, o padre Afonso Maria de Ligório, hoje Santo Afonso, fundou a congregação em Nápoles, no sul da Itália. Ele tinha grandiosas e belas ambições e uma mensagem comovente. Queria reunir "homens cheios de fé, felizes com a própria vocação, caridosos e apaixonados pelos mais pobres e marginalizados; homens de oração e humildes, alegres na esperança, fervorosos na caridade e inflamados no zelo". Padre Afonso era escritor, teólogo e filósofo e se tornou bispo e santo, canonizado em 1839 pelo papa Gregório XVI. Os redentoristas são, acima de tudo, missionários, o que significa, hoje e naquela época, que assumem a missão de anunciar a palavra de Jesus por todo o mundo, de evangelizar e catequizar os fiéis. Talvez por isso mesmo, caracterizam-se

62 / NOSSA SENHORA APARECIDA

pela habilidade em utilizar todos os recursos disponíveis para comunicar essa mensagem.

No início, no Brasil, montados em burros e cavalos, ainda em um grupo muito pequeno, sem dominar o português, corajosamente eles saíam da sede de suas dioceses e partiam em busca do rebanho onde ele estivesse, para levar a mensagem cristã, numa comunicação boca a boca, trabalhosa e paciente. Com o passar do tempo, pouco a pouco, de acordo com o avanço de cada época, passaram a recorrer aos meios impressos, ao rádio, à televisão e, mais recentemente, à internet, sempre utilizando o que havia de mais eficiente para divulgar a mensagem ao maior número possível de pessoas. Não por acaso, o atual reitor do Santuário Nacional de Aparecida é jornalista formado e atuou na rádio oficial e na emissora de televisão dos redentoristas em suas primeiras missões na cidade.

Mas, séculos antes da existência de jornais, revistas, microfones, câmeras, TV e computadores, os redentoristas já cruzavam terras e mares para cumprir a missão preconizada pelo padre Afonso de Ligório. Pouco a pouco, a congregação chegou a quase oitenta países e hoje reúne cerca de 5.500 membros que se definem como "um verdadeiro exército de missionários que sonha modificar o mundo" e se espelham em religiosos como São Geraldo Majella, São Clemente Hofbauer, São João Neumann e o beato Pedro Donders, além do padre Vítor Coelho, que atuou a vida quase inteira em Aparecida e está hoje em processo de beatificação.

No Brasil, existem aproximadamente seiscentos redentoristas, organizados em cinco províncias — São Paulo, Rio de Janeiro, Goiás, Campo Grande e Porto Alegre — e quatro vice-províncias, instaladas em Manaus, Salvador, Fortaleza e Recife. A maior província é a de São Paulo, com cerca de duzentos missionários, e a joia da coroa é mesmo Aparecida, um dos maiores centros mundiais de peregrinação católica.

Mas não foi fácil chegar a esse ponto. Para os quatorze padres alemães que viviam na Baviera, ao sul da Alemanha, em 1894, o Brasil era tão distante quanto a Lua. De acordo com os padrões germânicos, tratava-se de uma terra selvagem, inculta e bárbara, explorada com sofreguidão pelos portugueses, que só se preocupavam com o ouro, os diamantes e as outras riquezas que conseguissem tirar de lá. Uma terra de infiéis. Em comum, só havia a crença no catolicismo. Mas o grande desafio que o Brasil representava era exatamente a síntese do espírito missionário, e lá vieram eles, os quatorze pioneiros, da fria Baviera para o calor tropical e para o desconhecido, dispostos a atender ao apelo urgente dos bispos de São Paulo, dom Joaquim Arcoverde, e de Goiás, dom Eduardo Duarte, que definiram o país como um rebanho sem pastor, com urgente necessidade de evangelização.

O líder da missão redentorista era o padre Gebardo Wiggermann, que decidiu dividir o grupo: oito religiosos foram para Goiás e seis seguiram para São Paulo, tendo a vila de Aparecida como base. Nesses dois estados, iniciaram o que ficou conhecido como Santas Missões. Hábeis na utilização dos recursos da comunicação, superaram os desafios iniciais, a começar pelo aprendizado do idioma tão diferente, e apenas seis anos depois de chegarem a São Paulo, em 1900, fundaram a Editora Santuário em Aparecida. Numa análise retroativa, é preciso reconhecer que foi uma conquista excepcional, uma demonstração espantosa de espírito empreendedor, considerando o pouco tempo de permanência dos religiosos no Brasil e os parcos recursos de que dispunham: em apenas seis anos conseguiram criar uma editora e em seguida já publicariam um jornal. É quase inacreditável quando se consideram o que havia na época e o contexto histórico. Hoje, a editora criada há mais de cem anos continua em atividade, apoiada por novas mídias, como a Rádio Aparecida, que foi ao ar em 1951, e a TV Aparecida, de 2005. Além disso, destaca-se a existência de publicações como a *Revista de Aparecida*, outro fenômeno, que registra tiragens de quase 900 mil exemplares, muito acima de praticamente todas as publicações que se encontram nas bancas. Para completar a rede de comunicação, em 2010 foi criado o portal A12.com, um domínio digital dirigido aos devotos de Aparecida.

O reitor do Santuário de Aparecida só fez um pedido quando foi entrevistado para a realização deste livro: "Mostre, por favor, a importância dos redentoristas. Diga às pessoas que eles são os zeladores de Nossa Senhora Aparecida e que tiveram durante mais de um século, e continuam tendo, um papel fundamental na consolidação da fé na santa." Na sala sem nenhuma pompa do padre João Batista no Santuário, o que mais se destaca é um quadro na parede que fica de frente para a mesa dele e mostra o fundador da congregação redentorista, padre Afonso de Ligório — que morreu em 1787, aos 91 anos —, ao lado de doze religiosos que, no terceiro domingo de julho de 1740, na festa do Santíssimo Redentor, fizeram os votos de perseverança. Outra réplica dessa pintura está no Memorial Redentorista, na praça Nossa Senhora Aparecida, no centro da cidade, onde fica o túmulo do padre Vítor Coelho. Na tela, padre Afonso já tem o halo da santidade. No fundo da pintura é possível ver um crucifixo e um quadro da Virgem Maria.

A simplicidade e a devoção que a pintura mostra, assim como a austeridade de sua sala de trabalho, representam, para o padre João Batista, uma maneira adequada de entender o trabalho dos redentoristas. Ele também transmite essa impressão. Mineiro de Tabuleiro, uma pequenina cidade com menos de 5 mil habitantes no sudeste de Minas Gerais, a 274 quilômetros de Belo Horizonte, padre João nasceu em 1960 de pais católicos que deram aos filhos nomes de santos: José, Maria, Pedro, Paulo, Teresa e João Batista. "Só uma filha escapou", diz o padre, que parece estar sempre de bom humor, com um sorriso permanente mas discreto que aparece mais nos olhos do que na boca. Tudo indica que ele incorporou de verdade a ideia original do padre Afonso de Ligório, de que os redentoristas deveriam ser homens alegres e felizes, de coração leve.

A mãe dele, por coincidência — ou não —, se chama Aparecida. Na família, ele foi o único que "ficou padre", como ele diz: em 1983, começou a estudar no Instituto Teológico de São Paulo e foi ordenado em 1987, quando estava na Comunidade Redentorista de Araraquara, interior de São Paulo. Em agosto de 1988 recebeu a ordenação sacerdotal na capela do Seminário Santo Afonso, em Aparecida. Até 1999, atuou nas atividades pastorais do Santuário Nacional, com os quatro primeiros anos dedicados exclusivamente ao trabalho de assistência aos romeiros. Antes, em 1993, formou-se jornalista em Taubaté, ali bem perto do Santuário, e começou a trabalhar na Rádio Aparecida. "Fiquei oito anos na rádio e de lá fui para a Editora Santuário, por mais quatro anos. Então, ao todo, em minha primeira missão, fiquei 16 anos aqui em Aparecida, de 1988 até 2004."

Em abril de 2004 o padre João foi para os Estados Unidos, a fim de realizar um trabalho missionário com a comunidade brasileira na região de Boston, no estado de Massachusetts. Em agosto de 2007 voltou ao Brasil, designado para a diocese de Coari, na Amazônia, onde permaneceu por sete anos que o marcaram bastante, pelas características da região e pela enorme distância dos grandes centros, no verdadeiro Brasil profundo, até que em 2 de fevereiro de 2015 foi chamado a voltar a Aparecida e em janeiro do ano seguinte assumiu o cargo de reitor do Santuário.

Essa minibiografia se destina apenas a mostrar um pouco do estilo de vida dos redentoristas, representantes de uma congregação dinâmica, que vai de um lugar para outro de acordo com a necessidade e preza menos a burocracia e a hierarquia do que a simplicidade e a missão a que dedicam a vida. Vestido com roupas tão simples que se confundiria com as pessoas na rua, identificado como religioso apenas pela camisa de um roxo bem claro fechada no colarinho, padre João Batista diz que Aparecida é a fonte primária dos redentoristas no país, por isso atuar na cidade tem um sentido especial para ele. "Nosso umbigo está aqui. Temos vários trabalhos pelo Brasil afora, mas é aqui o nosso berço. Temos outros centros redentoristas importantes, como a igreja de São José em Belo Horizonte, a igreja de Santo Afonso no Rio, a igreja da Floresta em Juiz de Fora e o Santuário do Pai Eterno de Trindade, em Goiás, mas Aparecida é diferente."

Aparecida é mesmo diferente, acima de tudo, pela carga de simbolismo que envolve toda a história da imagem da santa, que em 1994 chegou a ser chutada durante um programa ao vivo da TV Record, por um pastor evangélico, Sérgio Von Helde, bispo da Igreja Universal, que depois se viu obrigado a cumprir um longo exílio em países da América do Sul e da

América Central, mas até hoje é lembrado. Quando se fala no aparente avanço das denominações evangélicas e na conquista de pessoas que antes eram católicas, padre João Batista não demonstra preocupação. Diz que essa situação não deve durar, porque falta aos evangélicos justamente um símbolo tão forte e perene quanto a imagem de Aparecida. "Toda religião que sobrevive aos séculos e à história tem símbolos poderosos", afirma o reitor. "De repente, uma religião não tem símbolo nenhum? O que vai ficar disso? Onde está o ponto de unidade de tudo isso, o ponto visível, realmente palpável? É só palavra, só pregação. Tudo bem, a palavra é algo importante. Mas a palavra necessita de algo tangível para se tornar efetiva, não sobrevive por si só. É como disse São João, a palavra se fez carne e veio habitar entre nós. Jesus é a palavra. Nós sabemos qual é o ponto de unidade da Igreja Católica. E qual é o ponto de unidade das igrejas neopentecostais? Quantos anos têm essas igrejas? Cinquenta, já? Nem isso têm. E até quando isso vai durar? Quantos anos tem a Igreja Ortodoxa? Quantos anos tem a Igreja Alexandrina? E a Católica? Milhares de anos, milhares. Será que a chamada ascensão das novas denominações evangélicas não é simplesmente uma coisa característica do momento que estamos vivendo, em que tudo é passageiro e efêmero, com prazo de validade, em que tudo é imediatismo? Não há como dizer que o catolicismo perdeu força. A força não está no número e nas estatísticas, nunca, senão as religiões indianas e chinesas dominariam o mundo. Para sobreviver, uma religião precisa de uma história e de símbolos tangíveis, tão fortes como Aparecida", afirma padre João Batista.

Ele lembra que, acima do aspecto religioso, Nossa Senhora Aparecida é um patrimônio cultural do Brasil. "É o maior símbolo brasileiro. Antes de existirem o hino nacional e a bandeira do Brasil, já havia a imagem de Nossa Senhora Aparecida. O samba não existia ainda, o futebol não existia, nada existia que representasse o país e tivesse uma identidade real com o nosso povo. A imagem surgiu antes de tudo isso, foi precursora da identidade brasileira que é mundialmente reconhecida hoje, numa época em que o Brasil não possuía símbolo nacional. Aparecida foi nosso primeiro símbolo e podemos dizer, sem medo de errar, que é um dos maiores símbolos nacionais, senão o maior, com sua força, sua mística, com a mensagem que a imagem traz, a história que a cerca, que é muito diferente de todas as outras."

Parte dessa história se relaciona aos redentoristas, que chegaram a Aparecida 123 anos atrás e desempenharam um papel fundamental, principalmente na organização do culto à santa, como o padre João Batista faz questão de destacar: "A história de Aparecida surgiu do povo, espontaneamente, e só trinta anos depois do encontro da imagem a Igreja a assumiu, por meio da paróquia da época. O culto seguiu em frente, sem organização, e bem depois, no fim do Império e início da República, os bispos se viram em apuros, porque já não existia o patronato, e então se perguntaram: e agora, o que a gente faz? Foi aí que vieram as congregações religiosas para o Brasil, entre as quais a dos redentoristas, em 1894, chamada pelo bispo de São Paulo. A partir daí, a devoção a Nossa Senhora Aparecida começou a crescer de maneira organizada. Porque até então não existia um eixo organizacional. Ao chegar aqui, os missionários redentoristas iniciaram as construções, criaram os meios de comunicação e acabaram com os abusos. No fim do século XIX, havia quatro jornais em Aparecida, e os quatro eram contrários à vinda dos padres para cá, porque o Santuário representava uma grande fonte de renda ilícita para muita gente. Algumas pessoas se apropriavam das oferendas, que eram valiosas. E os redentoristas acabaram com isso. Em poucas palavras, foi isso o que aconteceu."

Na opinião do padre João Batista, todo esse esforço dos redentoristas é muito significativo e determina também por que Aparecida cresceu tanto. "Claro que há outros fatores, como a proximidade com os grandes centros e mais uma série de coisas. Mas a presença dos redentoristas acabou influenciando muito para que o Santuário de Aparecida se tornasse o que é atualmente."

Algo semelhante vem acontecendo em Goiás, no Santuário Basílica do Divino Pai Eterno, também administrado pelos redentoristas — vale relembrar que, em 1984, a congregação, ao chegar ao Brasil, dividiu-se entre as dioceses goiana e paulista. Padre João Batista destaca que, vinte anos atrás, quase ninguém sabia o que era o Divino Pai Eterno. Hoje, o santuário localizado em Trindade, cidade que fica na região metropolitana de Goiânia, a 18 quilômetros da capital, é um importante centro da fé católica. Trata-se de uma obra imponente, uma grande igreja em tons de bege, marrom e dourado, com uma cúpula redonda, que recebeu do papa Bento XVI o título de basílica em abril de 2006.

O reconhecimento do santuário em Goiás, o único no mundo dedicado ao Pai Eterno, deve muito à comunicação, segundo o padre João Batista, o que também é tido como essencial em Aparecida. Qualquer que seja a mídia ou a maneira de entrar em contato com os fiéis, desde que seja útil para a finalidade dos missionários de transmitir a mensagem católica, tudo é válido para os redentoristas. No ano do Jubileu dos 300 Anos de Bênçãos, vale até mesmo deixar a santinha se tornar enredo de escola de samba.

A missão coube à Unidos da Vila Maria, escola de samba do primeiro grupo de São Paulo que no carnaval de 2017 apresentou no sambódromo da Marginal Tietê o tema "Aparecida, a Rainha do Brasil: 300 anos de amor e fé no coração do povo brasileiro". O enredo partiu deste texto, do padre Zezinho: "Todas as vezes que venho ver Aparecida venho pensando e tentando entender a imagem pequena, Maria morena, ferida e alquebrada, no rio jogada, depois encontrada. Escola de fé! A rede pescou, o povo juntou, de manto a cobriu da cor do Brasil. E então coroou... E o pobre e o rico, o branco e o negro, caboclos e índios se deram as mãos. Mil vezes Aparecida!"

Pode parecer estranho que uma festa pagã preste homenagem a uma santa católica e que os responsáveis pela imagem de Aparecida concordem com isso. Mas, para o padre João Batista, um desfile de escola de samba pode ser visto como uma procissão, uma romaria. Os contatos que permitiram essa comunhão de polos aparentemente tão diferentes começaram em 2015, quando a diretoria da escola de samba paulistana levou a proposta ao cardeal dom Odilo Scherer, arcebispo de São Paulo. Nossa Senhora Aparecida, padroeira do Brasil, seria o tema do desfile, em honra aos trezentos anos do encontro da imagem. "O arcebispo não só viu a proposta com bons olhos como se comprometeu a apresentá-la ao Conselho Episcopal responsável pelo Santuário Nacional", disse o reitor do Santuário em artigo publicado na revista *Ecos Marianos*. Segundo o padre João Batista, a proposta foi acolhida pelos bispos, que viram como positiva a possibilidade de louvar e honrar a santa fora de um ambiente religioso. Mas sabiam que haveria críticas e restrições. "Pela importância do evento e pelas possíveis manifestações contrárias, a Comissão de Pastoral do Santuário achou por bem que o reitor assumisse a tarefa de acompanhar os trabalhos. Assim, sob a tutela do padre João Batista de Almeida, simbolicamente, a imagem encontrada nas águas iria ao encontro dos devotos num ambiente diferente daquele em que costumeiramente os encontra. O que o papa Francisco pede à Igreja iria acontecer com a devoção a Nossa Senhora Aparecida. Ela sairia do majestoso templo para participar da maior festa popular do Brasil, bem no meio do povo. Estava lançado o desafio", diz o texto da *Ecos Marianos*.

E o padre João Batista se perguntou: "Como fazer uma procissão no meio de uma avenida, durante o carnaval?" A resposta para essa questão coube a Sidnei França, o carnavalesco da Unidos da Vila Maria, "frequentador do Santuário", segundo o reitor, que define assim o desfile: "O carnaval é uma ópera de rua, cantada pelo povo em uma grande procissão. A homenagem à padroeira do Brasil é feita em forma de prece, contemplando o ambiente em que surgiu em 1717, a identidade que ela imprimiu no coração do povo brasileiro, as súplicas e os clamores de salvação e liberdade que os devotos buscam nos milagres da Mãe Negra, o motivo pelo qual milhões de pessoas buscam todos os anos o consolo da santa na nossa basílica."

7

O Jubileu dos 300 Anos

Não há consenso a respeito do número de pessoas que a grandiosa Basílica Nova de Aparecida é capaz de receber ao mesmo tempo. Fala-se em 75 mil pessoas, enquanto a capacidade oficial é estimada em 45 mil. Porém, qualquer que seja a capacidade do templo, um dos maiores do mundo, ele ficará pequeno para receber os fiéis que, em outubro de 2017, estarão em Aparecida para agradecer as graças recebidas e confirmar a fé na santinha. Em 2015, em um único dia, o 12 de outubro, uma segunda-feira, foram a Aparecida cerca de 150 mil pessoas. No dia anterior, o domingo, a multidão foi calculada em 180 mil fiéis. Em 2016, mais de 170 mil devotos participaram da festa no 12 de outubro, número acima do previsto.

O que faz prever um comparecimento ainda maior em 2017 é o Jubileu dos 300 Anos de Bênçãos, que comemora o número redondo, contado em séculos desde que a imagem foi encontrada no Paraíba do Sul. Os religiosos responsáveis pelo Santuário estão empenhados em transformar a comemoração em uma grande festa católica, e não pouparam esforços e investi-

74 / NOSSA SENHORA APARECIDA

mento. A atração maior, sempre, é a imagem da santa que, não custa lembrar, não tem mais do que 36 centímetros de altura e 2,55 quilos e fica ali naquele pequeno retábulo a pouco menos de 4 metros do solo, na parte da frente do pavimento térreo da basílica, coberta com seu manto azul bordado em dourado e sua coroa de ouro.

Os mantos e as coroas de Aparecida, aliás, também têm uma história própria, uma crônica que se prolonga pelos séculos e reflete parte da cultura da Igreja Católica e dos costumes de diferentes épocas. Como elementos simbólicos, o manto e a coroa representam a realeza de Maria, como mãe de Jesus. E nunca esse caráter de realeza foi tão acentuado quanto nas visitas que fez a Aparecida uma nobre autêntica, a princesa Isabel, filha do imperador do Brasil, dom Pedro II, casada com o conde d'Eu e responsável pela promulgação da Lei Áurea, que em 1888 aboliu a escravidão no país. Isabel visitou duas vezes a santa, na humilde condição de romeira e devota, sempre levando presentes. Na primeira visita, em dezembro de 1868, quando tinha 22 anos, a princesa levou um manto e, em novembro de 1884, presenteou a santa com uma coroa de ouro de 24 quilates, cravejada com 24 diamantes maiores e 16 menores, com a qual Aparecida foi coroada Rainha do Brasil em 8 de setembro de 1904, numa proclamação do papa Pio X. Réplicas dessa coroa e do manto usado na cerimônia estão hoje em exposição no Museu do Santuário.

Em 1994, a santinha ganhou outro enfeite para sua cabeça. A convite de dom Aloísio Lorscheider, então arcebispo de Aparecida, a Associação dos Joalheiros do Estado de São Paulo promoveu um concurso nacional para a criação de uma coroa para comemorar o centenário da consagração da Rainha do Brasil. Participaram 175 designers, e as vencedoras foram Lena Garrido e Débora Camisasca, de Belo Horizonte.

Há outras curiosidades a respeito dos adereços da santa. Peritos que examinaram a imagem autêntica de Aparecida concluíram que, originalmente, a escultura tinha vestígios de pintura branca no rosto e nas mãos e um manto azul-escuro com forro vermelho, as cores oficiais de Nossa Senhora da Conceição determinadas pelo imperador dom João IV quando a santa foi proclamada padroeira de Portugal, em 1646. A partir de 2010, os mantos da santa passaram a ser bordados também pelas irmãs do Carmelo de Santa Teresinha, um mosteiro das Carmelitas Descalças que fica no município de Aparecida. Todos os anos, as irmãs carmelitas bordam um manto especialmente para a festa de outubro. Começam o trabalho em agosto e geralmente terminam em setembro, sempre com um motivo diferente. Para a festa da padroeira de 2015, por exemplo, a responsável pelo bordado foi a irmã Maria Lúcia, com base num desenho da irmã Maria Amada, já falecida, que criou detalhes como lírios, uvas e as letras A e M, iniciais de Ave Maria. As carmelitas também se responsabilizaram pelo bordado dos mantos que vestiram a imagem jubilar de Aparecida enviada às dioceses e arquidioceses brasileiras na programação que antecedeu o Jubileu dos 300 Anos. Fora dos períodos da festa da padroeira, no dia a dia, o manto que hoje cobre a imagem da santa tem pouco menos de seis anos e foi feito por uma família de Aparecida, que bordou as bandeiras do Brasil e do Vaticano sobre o fundo azul-escuro.

O nicho em que fica a imagem autêntica está instalado na parte frontal da Basílica Nova, incrustado numa parede de azulejos em tons de dourado, branco e amarelo. Os desenhos nos azulejos representam as imagens de três arcanjos. O retábulo é protegido por vidro blindado. Na parte inferior estão duas frases: "Mãe de Deus e Nossa Senhora Aparecida — Padroeira do Brasil" e "Imagem aparecida nas águas do rio Paraíba do Sul em 1717". Dentro de um quadrado em dourado brilhante vê-se um círculo e em seu interior fica a pequena imagem. Em torno dela, estão quatro inscrições: abaixo, "Vem Senhor Jesus"; do lado esquerdo, "O Espírito"; acima, "A Esposa"; e, do lado direito, "Dizem: Amém".

Embaixo, no solo, grades formam sete passagens, para que se organizem as filas de fiéis nos dias de maior movimento no Santuário. É sob esse nicho que se veem as mais emocionantes demonstrações de fé e devoção. Como não podem tocar a santa, as pessoas encostam as mãos nas paredes, ajoelham-se, olham para cima como se vissem o céu e rezam, choram, sorriem ou apenas contemplam a imagem em silêncio, como se estivessem em transe. Nos fins de semana e feriados religiosos é tanta gente que as sete passagens ficam congestionadas e não dá para ficar muito tempo na contemplação da imagem sagrada, pois as filas são muito longas. Contudo, durante a semana, nos dias comuns, sem datas especiais, o número de visitantes é bem mais reduzido e o tempo que cada fiel dedica à devoção da imagem se estende à vontade.

É, sem dúvida, o lugar mais impressionante do Santuário, mas o complexo como um todo se caracteriza pela grandiosidade e, em alguns pontos, pela beleza e pelo bom gosto na construção. Projetada pelo arquiteto Benedito Calixto de Jesus Neto, que, como o nome revela, teve como avô o pintor realista Benedito Calixto, expoente da arte paulista do início do século XX, a igreja tem estilo neoclássico, em forma de cruz grega, com braços de tamanhos iguais, e o teto das naves chega a 40 metros de altura. A cúpula se estende por 78 metros de diâmetro e se eleva a 70 metros. A torre tem 107 metros de altura, com dezoito andares, no último dos quais fica o Museu de Aparecida, e, no terraço, o mirante. A Basílica Nova foi inaugurada em 15 de agosto de 1967 pelo papa Paulo VI, no ano da comemoração do 250º aniversário do encontro da imagem, e foi oficialmente consagrada em julho de 1980 pelo papa João Paulo II.

Especialistas já disseram que, em alguns detalhes, particularmente na utilização de tijolo aparente e na grande torre do lado esquerdo de quem a olha de fora, a Basílica de Aparecida é exageradamente parecida com a igreja consagrada a Nossa Senhora da Conceição, em Washington, capital dos Estados Unidos. Para os fiéis, porém, o fato de ser ou não um plágio arquitetônico não tem a mínima importância. O que vale, sobretudo, é a sensação de paz, misticismo e tranquilidade transmitida pela construção, e para isso também colabora o comportamento do exército de funcionários e voluntários que se movimentam pelo Santuário, a maioria formada por jovens gentis, simpáticos, bem informados e sorridentes.

Parece que o Santuário está sempre em obras, o ano inteiro, em seu interior ou no exterior. Quase o tempo todo, alguma coisa está sendo feita, ou uma reforma ou uma nova construção. O Santuário ocupa 1,5 milhão de metros quadrados, com quase 150 mil metros quadrados de área construída, dos quais 72 mil são ocupados pela Basílica Nova, com dois pavimentos, inferior e térreo, mais a arcada e a tribuna sul, a cúpula central, as capelas da Ressurreição e do Batismo e a Torre Brasília. Só de estacionamento são 272 mil metros quadrados, capazes de receber 4 mil ônibus e 6 mil carros ao mesmo tempo, e uma quinta área foi pavimentada no segundo semestre de 2016. E há muito mais. Em 1972, foi inaugurada a Passarela da Fé, que une o Santuário à Basílica Velha em um trajeto elevado de 389 metros de extensão, a 35 metros de altura em alguns pontos. O Centro de Apoio aos Romeiros tem quase quatrocentas lojas e uma praça de alimentação. Um teleférico liga a Basílica Nova ao morro do Cruzeiro, cruzando a Via Dutra, numa extensão de 1.179 metros, e foi inaugurado em junho de 2014. O Museu de Cera expõe mais de setenta imagens, em vinte cenários, e conta a história do encontro da imagem, de alguns dos milagres históricos atribuídos a Aparecida e das visitas mais importantes.

"As obras físicas são necessárias porque as pessoas não param de vir, e temos de recebê-las bem", diz o reitor do Santuário, padre João Batista. "Por que tivemos de aumentar o estacionamento, se já existiam quatro áreas grandes para isso? Porque as pessoas continuam vindo e os carros já não cabiam mais. Por que temos de aumentar a captação de água, o ambulatório? Porque mais pessoas vêm. São detalhes que não aparecem quando se olha o Santuário como um todo, mas tudo isso é importante. Tudo porque mais pessoas vêm e precisam de uma boa estrutura de acolhimento." E as pessoas virão para o jubileu, segundo o padre João: "Para todos nós, essa comemoração tem um importante significado, pois é o momento de buscar o sentido da devoção e da fé. Um evento como esse nos faz pensar no valor que Aparecida tem para as pessoas, para o Brasil e para a Igreja. Por tudo isso, estamos esperando uma grande celebração, à altura da importância do culto."

Segundo os registros do Santuário, as obras de construção da Basílica Nova original, sem contar as expansões, utilizaram nada menos do que 25 milhões de tijolos e 40 mil metros cúbicos de concreto. E mais tijolos e concreto foram usados em larga escala para as novas obras, com destaque para o campanário projetado por Oscar Niemeyer, um dos últimos trabalhos do arquiteto, que morreu em dezembro de 2012, a dez dias de completar 105 anos. A estrutura metálica que sustenta o campanário pesa 97 toneladas, tem 37 metros de altura e foi instalada em maio de 2016, ao lado da Basílica Nova. Depois de concretada, a estrutura recebeu treze sinos, fabricados na Holanda e dedicados aos apóstolos e aos bispos e arcebispos que fizeram parte da história do Santuário.

Em 2016 os sinos ficaram expostos no Santuário, cada um com desenhos, símbolos e inscrições em latim que indicam a quem foi dedicado. O do apóstolo Pedro, por exemplo, mostra o símbolo de um peixe, duas chaves e uma cruz invertida. Os peixes estão ali porque Pedro vivia da pesca e depois se tornou "pescador de homens". As chaves se referem à passagem bíblica do Evangelho de Mateus que diz: "E eu te darei as chaves do reino dos céus, e tudo o que ligares na terra será ligado nos céus, e tudo o que desligares na terra será desligado no céu." A cruz invertida remete ao martírio de Pedro. O sino de Pedro pesa 1.575 quilos, emite uma nota ré quando soado e é também uma homenagem ao cardeal Aloísio Lorscheider, que foi arcebispo metropolitano de Aparecida. O sino dedicado a Paulo tem o desenho de sete pergaminhos, que simbolizam as sete cartas escritas pelo apóstolo. Pesa 1.315 quilos, soa a nota ré sustenido e é dedicado ao beato Paulo Dicata e a dom Geraldo Maria de Moraes Penido, que também foi arcebispo metropolitano de Aparecida. O sino de João Evangelista tem 675 quilos, soa em sol e homenageia dom Antônio Ferreira de Macedo, ex-arcebispo coadjutor de Aparecida. No símbolo está o termo grego "logos", que significa "palavra", ou o Verbo de Jesus. E assim por diante, cada um dos treze sinos é impregnado de simbolismo espiritual e reconhecimento, como tudo que se vê no Santuário Nacional.

Os sinos majestosos tocarão com intensidade em 2017, na grande comemoração do jubileu do tricentenário. O Santuário preparou, com quase três anos de antecedência, uma festa realmente grandiosa, à altura da importância da data. Desde 2015, réplicas da imagem de Aparecida foram levadas pelos missionários redentoristas às dioceses e arquidioceses de todas as capitais do Brasil e de outras cidades. Em cada lugar foi colhida uma porção da terra, para compor uma coroa especial para a santa. No início, previa-se que o ponto alto das comemorações seria a presença do papa Francisco. O Santuário, que antes já havia recebido dois papas — João Paulo II, em 4 de julho de 1980, e Bento XVI, em 11 de maio de 2017 —, foi visitado por Francisco em 24 de julho de 2013 e, ao se despedir da multidão de fiéis presentes, ele pediu a bênção de Nossa Senhora Aparecida, disse adeus e prometeu: "Até eu voltar, em 2017." Três anos depois, porém, em 3 de setembro de 2016, logo após o impeachment da ex-presidente Dilma Rousseff, Francisco disse que rezava pelo Brasil, que atravessava "um momento triste", e afirmou que provavelmente não visitaria o país em 2017. As palavras do papa foram ditas, não por coincidência, exatamente na cerimônia de inauguração de uma imagem de Nossa Senhora Aparecida nos Jardins Vaticanos, em Roma — parte do longo roteiro de celebração do Jubileu dos 300 Anos de Bênçãos. "Estou contente que a imagem de Nossa Senhora Aparecida esteja nos jardins. Em 2013, eu havia prometido voltar ao Brasil. Não sei se será possível, mas agora, pelo menos, terei a santa mais perto de mim", disse o papa.

Com ou sem a presença de Francisco, outubro de 2017 terá uma importância especial, com muito mais a celebrar. Para concentrar as informações relacionadas ao jubileu, foi criado um hot site (www.a12.com/300anos) com notícias, história, fotos da peregrinação da imagem nos três anos que antecederam a comemoração, material para download, programação de romarias e procissões e muitas outras informações. Também foi criado um selo comemorativo dos trezentos anos no qual se veem elementos que remetem à religiosidade brasileira e ao culto à Aparecida, como o barco da pesca milagrosa e a imagem da santa. A intenção é aplicar o selo a itens que o Santuário decidiu incorporar à celebração, dos quais o primeiro foi o livro *Aparecida*, do fotógrafo Fabio Colombini, lançado em agosto de 2013.

O esforço dos padres redentoristas é para que esta seja a maior comemoração católica já realizada no Brasil, desejando inclusive que o papa Francisco pudesse cumprir o desejo manifestado em julho de 2013.

Nossa Senhora Aparecida certamente receberá as homenagens que merece, o louvor dos milhões de fiéis espalhados pelo Brasil e pelo mundo e das centenas de milhares que irão à cidade do Vale do Paraíba para prestar devoção à santa. E todo esse louvor será dirigido a uma pequena imagem, tão maltratada por três séculos e que, contra toda lógica, se tornou um canal infinito de graça, como intercessora de dádivas e bênçãos que parecem inesgotáveis. Para os devotos, foram nada menos do que trezentos anos de milagres.

SEGUNDA PARTE:
Os Milagres

8

Os milagres históricos

Os trezentos anos de graças e milagres de Aparecida representam de fato, na origem e na consolidação dessa longa história, a base da imensa fé e do poder inexplicável da santa do Vale do Paraíba. Sem as graças não haveria uma devoção tão intensa, e nada disso existiria hoje. Já foi dito que, como uma manifestação da Virgem Maria, Aparecida não depende de provas de milagres, diferentemente das santas que foram mulheres reais cujos poderes místicos exigiram alguma comprovação oficial. Mas alguns episódios são tidos como milagrosos pelos próprios padres redentoristas.

O primeiro milagre amplamente aceito da santinha negra ocorreu justamente no momento do encontro da imagem, quando os peixes encheram a rede e a canoa de Domingos Alves Garcia, João Alves e Filipe Pedroso, naquele distante 17 de outubro de 1717, nas imediações do porto de Itaguaçu, em uma curva que o rio Paraíba do Sul faz na cidade de Guaratinguetá. O milagre inicial foi o dos peixes, de imensa carga simbólica, por remeter aos episódios bíblicos em que Jesus

86 / NOSSA SENHORA APARECIDA

também encheu as redes dos pescadores que depois se tornariam seus apóstolos, como prova do poder sem limites do Pai.

Depois, ao longo de três séculos, sucederam-se sem parar as graças atribuídas a Nossa Senhora Aparecida. A Sala das Promessas, ou Sala dos Milagres, é o segundo lugar mais visitado pelos fiéis que vão ao Santuário Nacional, só perdendo para a própria Basílica Nova, mais propriamente, para o nicho que abriga a imagem autêntica. Na Sala dos Milagres estão em exibição mais de 70 mil fotografias e um número incontável de ex-votos e doações de fiéis, que atestam as graças recebidas. Há de tudo ali, no subsolo do templo. Sob o teto coberto de fotos ficam as vitrines que compõem esse lugar especial em que estão expostos os mais diferentes tipos de agradecimento, das mais diferentes pessoas, onde é possível passar horas e horas e mesmo assim não ver tudo nem absorver a extensão da fé que se percebe em cada oferenda, em cada testemunho, em cada prova de graça recebida. Provavelmente, poucos lugares no mundo concentram tanta força religiosa, tanta crença, entrega, misticismo e esperança no eterno.

Logo na entrada ficam os locais reservados às chamadas celebridades e para os objetos que artistas, esportistas e pessoas conhecidas enviaram como penhor à santa. É preciso tempo e paciência para ter uma visão mais detalhada da sala e descobrir, por exemplo, a identidade de cada um dos pilotos de corrida que doaram capacetes, sapatilhas e luvas de corrida, entre os quais, além de muitos outros, estão Ayrton Senna, Felipe Massa, Hélio Castroneves, Ingo Hoffmann, Bia Figueiredo, Thiago Camilo e André Ribeiro. Na parte reservada aos cantores veem-se itens enviados por Luan Santana, Lucas Lucco, Péricles, Thiaguinho, Gian & Giovani e mais uma infinidade de ídolos populares. Nas vitrines reservadas ao futebol tem tanta coisa que nem é possível relacionar cada um dos remetentes de camisas, bolas, chuteiras e outros objetos, de anônimos a craques como Ronaldo Nazário, que doou uma camisa autografada da seleção brasileira.

Mas tem muito mais, muito mesmo, além do que pode imaginar quem nunca visitou a impressionante Sala dos Milagres. De fotos de misses a retratos pintados à mão. Máquinas de costura e uma infinidade de peças de louça e talheres, ferros de passar, caixas de engraxate, vestidos, miniaturas de carrinhos, caminhões, ônibus, tratores, motocicletas e aviões. Grandes canoas de madeira, imagens sacras, coroas, bonecas, ex-votos de todos os tipos, rosários ao lado de facas, punhais, navalhas e canivetes. E não acaba aí: centenas de fotografias em molduras, telefones celulares, ferramentas de todos os tipos, chapéus, máscaras, livros, luvas e cinturões de boxe, pranchas de surfe e raquetes de tênis. Violões, guitarras, instrumentos de percussão, acordeons, violinos, cavaquinhos, trompetes e saxofones. Relógios, alianças, colares, correntes, brincos, caixas de remédio, maços de cigarro, microscópios, seringas hipodérmicas, estetoscópios, placas de carros, esculturas em madeira, selas de cavalo, esporas, laços e outros apetrechos de equitação. São particularmente perturbadores os bonecos ultrarrealistas que parecem crianças de verdade, enviados por pais que agradecem as graças proporcionadas aos filhos. Não dá para relacionar tudo. Ninguém sai da Sala dos Milagres sem a sensação de que a fé em Aparecida é muito maior do que imaginava antes. Ninguém sai da mesma maneira como entrou, simplesmente porque cada uma de tantas peças tem uma história particularmente importante. Por trás de cada um daqueles itens há uma pessoa real que foi tocada pelo mistério, de alguma forma.

88 / NOSSA SENHORA APARECIDA

E o que se vê na Sala dos Milagres é só uma parte minúscula do que o Santuário recebe todos os dias, sem contar a imensa quantidade de roupas, cobertores, agasalhos, móveis, alimentos e outras doações aproveitáveis que são encaminhadas diretamente a instituições que cuidam para que cheguem a quem delas precisa. Há vários outros depósitos de ex-votos e itens enviados pelos fiéis que não ficam à vista do público, e muita coisa é jogada fora, porque, simplesmente, não há como guardar tudo.

E se na Sala dos Milagres o visitante pode fotografar à vontade todos os itens das vitrines, o mesmo não vale para o Museu de Aparecida, no topo da grande torre do Santuário, onde ficam algumas das doações mais preciosas. A mais de 100 metros de altura, o último andar da Torre Brasília exibe vestimentas dos papas que visitaram Aparecida e as cadeiras em que eles se sentaram, feitas por artesãos brasileiros, além de imagens barrocas autênticas, joias em metais nobres de todos os tipos, peças originais e históricas de artesanato regional, relíquias preciosas da fé católica, rosas de ouro e cálices doados por papas, prataria do século XVII e mais uma infinidade de objetos únicos de grande valor simbólico para o culto à santinha. Tudo doado por quem recebeu alguma graça.

Mas, mesmo entre tantas riquezas, o que mais comove os fiéis que vão ao museu são as poucas peças relacionadas aos milagres históricos de Aparecida: as correntes que prendiam o escravo Zacarias, a pedra com as marcas das ferraduras do cavalo que levava um homem que tentou profanar a igreja da santa e o texto referente ao milagre das velas. As correntes, a pedra da ferradura e as velas fazem parte dos milagres históricos, oficiais, reconhecidos pelo Vaticano e pelos redentoristas do San-

OS MILAGRES HISTÓRICOS / 89

tuário Nacional, já que seus registros estão ali no museu, como atestados de fé. É preciso dizer que os padres de Aparecida são extremamente cautelosos ao falar em milagres. Eles preferem se referir a graças, favores, e raramente afirmam que foi realmente um milagre incontestável esse ou aquele acontecimento relacionado a qualquer item que esteja no museu ou na Sala dos Milagres. Preferem dizer que se o devoto acredita que foi milagre então não há o que contestar. É, sobretudo, uma atitude de cuidado, de não afirmar nem negar, de não comprometimento implícito. Mas, em geral, os religiosos aceitam plenamente os chamados milagres históricos testemunhados por mais de uma pessoa, e entre esses o que mais se destaca é o do escravo Zacarias, ocorrido no início do século XIX, há quase duzentos anos.

No museu, a corrente que prendia Zacarias fica em um nicho próprio, protegido por um vidro. É feita de metal rústico, marrom escuro, com marcas antigas de ferrugem. Tem 21 partes ligadas entre si, um círculo na ponta inferior e, no meio, dois aros que devem ter sido usados para prender os pulsos do escravo. Segundo as histórias que correram de boca em boca, Zacarias havia fugido de uma fazenda no Paraná, conseguiu chegar ao interior de São Paulo, mas acabou sendo capturado por um capitão do mato. Para falar desse milagre, o melhor é dar voz ao padre Vicente André de Oliveira, que em maio de 2005 publicou um artigo na *Revista de Aparecida* para recuperar os registros históricos do episódio. Ele afirma que no *Livro de Crônicas do Santuário* se encontra o seguinte relato: "O padre Claro Francisco de Vasconcellos, em 1828, escreveu sobre o Milagre das Correntes. Segundo o narrador, o escravo Zacarias, preso por grossas correntes, ao passar pelo Santuário, pede ao feitor permissão para rezar a Nossa Senhora Aparecida. Recebendo autorização,

90 / NOSSA SENHORA APARECIDA

o escravo se ajoelha e reza contrito. As correntes, milagrosamente, soltam-se de seus pulsos, deixando Zacarias livre." O padre também atesta: "Foram testemunhas do fato, entre outros, o professor Ignácio Custódio e seus alunos. Augusto Emílio Zaluar, em suas narrativas de viagem, escritas em 1860, também se refere a esse fato miraculoso. O peso da corrente é de 7 quilos e o comprimento é de 3,20 metros."

O padre Vicente de Oliveira diz ainda, a respeito do simbolismo do milagre das correntes: "Na pessoa do escravo Zacarias, nós contemplamos a atitude de fé, confiança e esperança de todo o povo brasileiro. Dentre os muitos valores que a nação brasileira herdou da cultura africana, destaca-se o espírito religioso. Mantidos como escravos por mais de trezentos anos, proibidos de qualquer manifestação religiosa que não fosse a católica, os negros guardaram, no sangue e no coração, sua religiosidade, sua forma de crer e suas manifestações religiosas e culturais. Advinda a libertação, a cultura negra conquistou espaços com os seus valores, hoje admirados por todos os brasileiros. Ao visitar o quadro com a corrente, nós contemplamos um encontro amoroso e libertador: o filho que se volta para a Mãe, numa atitude de súplica e busca de socorro; a atitude da Mãe que acolhe amorosamente o filho e alcança de Deus a graça de sua libertação. Como seria bom celebrarmos a memória desse fato contemplando Nossa Senhora Aparecida com mais um título: Nossa Senhora da Libertação! Quantos devotos a ela recorrem nas suas aflições, presos pelos problemas do dia a dia, amarrados com as correntes das injustiças sofridas ou carregando o peso de suas enfermidades! Junto de Nossa Senhora nós encontramos o amor que liberta, o carinho que nos anima, a fé que sustenta nossa esperança. Para que o Brasil seja de fato uma pátria livre, uma nação mais justa e fraterna, ainda precisamos avançar nas conquistas sociais. Há muito para ser feito. Mas, nessa caminhada de libertação, nós não estamos sozinhos. Nós podemos contar com o testemunho de fé e esperança de pessoas como o escravo Zacarias e podemos também contar com a presença amorosa de Nossa Senhora Aparecida, que no passado e no presente ouve os nossos pedidos e intercede a Deus por nós."

Esse foi o testemunho do padre, e não há como contestar sua sinceridade. Ele de fato acreditava que as correntes que prendiam o escravo Zacarias se soltaram magicamente, quase dois séculos atrás. E, com seu texto e as testemunhas citadas, avaliza o milagre, em nome dos religiosos de Aparecida.

Objeto da mesma aceitação, e com a mesma ênfase, a pedra escura exibida no museu com duas marcas de ferradura representa outro milagre histórico muito conhecido, ocorrido no século XIX, logo depois da Independência do Brasil. O povo contava que um homem que vivia em Cuiabá foi a Aparecida com a firme decisão de "desmascarar a santa" e cometer um ato que mostrasse sua rejeição à fé dos romeiros, que cresciam em número a cada dia. Para provar que o culto não tinha fundamento, que não existia santa nenhuma, o cuiabano tentou entrar na igreja montado em seu cavalo, como ato de extremo desrespeito, com a finalidade de, simplesmente, destruir a imagem de Aparecida. Então, nos primeiros degraus da escadaria da Basílica Velha, a pata do cavalo se prendeu à pedra, e não houve como soltá-la. Naquele momento o homem percebeu a existência do inexplicável, do mistério, e se tornou devoto. Relatos da época afirmam que várias pessoas que estavam na igreja testemunharam o milagre.

92 / NOSSA SENHORA APARECIDA

No Museu de Aparecida há também o texto com a referência ao chamado Milagre das Velas, que teria ocorrido poucos anos depois do encontro da imagem, quando ela ainda estava na casa de Silvana da Rocha Alves, mulher de Domingos Alves Garcia, mãe de João Alves e irmã de Filipe Pedroso, os três pescadores. O texto que está exibido no museu é este: "No primitivo oratório no porto de Itaguaçu, primeiro local de devoção da imagem de Aparecida, o povo se encontrava numa noite reunido em oração. Durante o canto do terço, as velas apagaram-se repentinamente e sem motivo, pois a noite estava serena. Houve espanto entre os devotos, e quando Silvana da Rocha procurou acendê-las novamente, elas se reacenderam por si, prodigiosamente." Existem dezenas de textos diferentes que abordam o Milagre das Velas, com pequenas variações, mas esse é o que está no museu, como relato oficial.

Na história de Aparecida há testemunhos de outros milagres históricos, como o da menina cega da família Vaz, devota de Aparecida, em Jaboticabal, ocorrido em 1874. A criança, filha de Gertrudes Vaz, nasceu sem enxergar e sempre dizia que seu sonho era visitar o Santuário, como já havia feito algumas vezes seu irmão, Malaquias. Mas a família era pobre e não tinha recursos para a viagem, difícil naquela época. Porém, a menina tanto insistiu que os pais decidiram ir a Aparecida a qualquer custo, até mesmo pedindo esmolas no caminho, para satisfazer aos apelos da filha. Ao chegar à escadaria da igreja, a menina disse, calmamente, para espanto de todos: "Mãe, como é linda essa igreja." E daí em diante passou a enxergar normalmente.

Outro episódio histórico admitido nos registros de Aparecida é o do menino do rio: pai e filho foram pescar, o garoto caiu no rio e foi arrastado pela correnteza. O pai apelou a Aparecida e o filho se salvou milagrosamente.

Nicho que abriga a imagem autêntica de Nossa Senhora Aparecida, encontrada no leito do rio Paraíba do Sul em 1717.

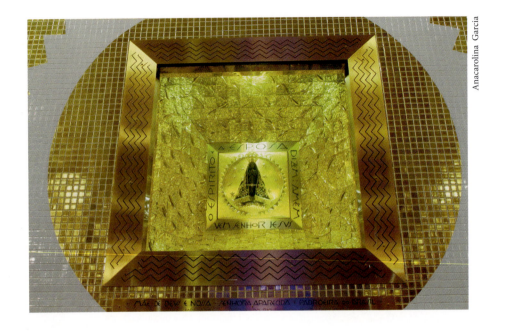

A fonte da fé: detalhes do retábulo que abriga a imagem autêntica.

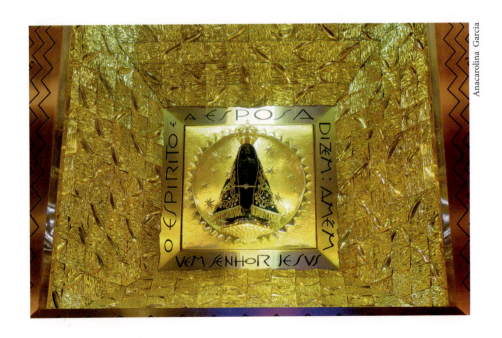

Trecho do rio Paraíba do Sul em que foi encontrada a imagem de Aparecida (ao fundo, o Santuário Nacional); abaixo, a cidade e as curvas do rio vistas do alto da Torre Brasília.

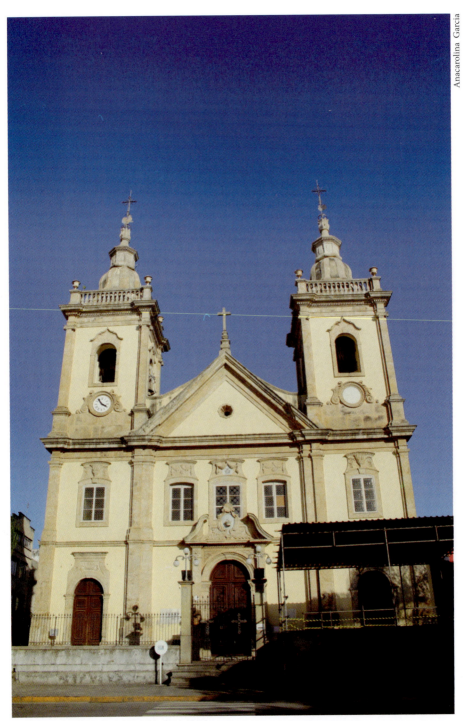

A Basílica Velha, no centro da cidade.

A Passarela da Fé repleta de fiéis; e o Santuário que atrai mais de 12 milhões de devotos a cada ano.

No porto de Itaguaçu, a obra de Chico Santeiro, de 1970, recria a imagem dos três pescadores que encontraram a imagem da santa no Paraíba do Sul.

A canoa, três pescadores e a santa: tradição de trezentos anos revivida na área em frente à basílica.

Padre João Batista de Almeida, reitor do Santuário: o guardião da chave do nicho.

Imagens da santa movimentam a economia da cidade, que também oferece "água para beber e benzer".

Ex-votos são enviados todos os dias em gratidão pelas graças recebidas.

Atletas famosos também enviam provas de fé à Sala dos Milagres.

Multidão de fiéis na Passarela da Fé, que liga o Santuário à Basílica Velha.

O espetáculo de fé proporcionado pelos fiéis que lotam o Santuário Nacional no Dia da Padroeira do Brasil.

Na grande basílica, devotos rezam e agradecem as graças recebidas.

O templo grandioso na comemoração do 12 de outubro.

Papa Francisco se dirige aos fiéis em 2013 e promete voltar ao Brasil em breve.

Também é reconhecido como milagre histórico o caso de Tiago Terra, da cidade mineira de Piumhi, que voltava para casa e no meio do mato, perto da fazenda das Araras, foi encurralado por uma onça. Aterrorizado e sem arma para se defender, Tiago bradou: "Valha-me Nossa Senhora Aparecida", e a onça se retirou, sem atacá-lo. Segundo os relatos, esse fato ocorreu em fevereiro de 1931.

Esse último relato completa os chamados milagres históricos, e alguns deles carecem de testemunhas identificadas e de comprovação de que tenha de fato havido algo de sobrenatural. Mas se a pessoa acredita não é preciso prova, basta a fé. Se alguém tinha uma doença grave e acredita sinceramente que uma cura ocorreu porque pediu isso a Aparecida, com confiança absoluta, para essa pessoa houve um milagre. Isso é incontestável, assim como o é para quem foi atingido por um tiro e a bala foi bloqueada por um telefone celular ou por maços de dinheiro que estavam no bolso da camisa, na frente do coração, porque naquele instante rogaram a Aparecida. Para essas pessoas foi milagre, e fim. Essa é a gênese e a lógica da fé absoluta — fé cega, faca amolada, como na música de Milton Nascimento e Ronaldo Bastos.

Os chamados milagres históricos de Aparecida derivam unicamente dos relatos das pessoas envolvidas e da comunicação boca a boca, mas de alguma forma sobreviveram ao tempo. Poderiam ser muito mais numerosos, como está amplamente registrado nas crônicas do Santuário, mas esses foram os que ficaram na história, a maioria do século XIX, quando não havia documentos confiáveis. E muita coisa viria nos anos seguintes, sempre de maneira extraordinária e com base na fé irrestrita.

94 / NOSSA SENHORA APARECIDA

Milagre, um termo que evoluiu do latim *miraculum*, ou *mirabilia*, etimologicamente significa "maravilhar-se", "admirar", algo que é parte de um acontecimento que não possui explicação à luz dos sentidos e da lógica, fora do campo da ciência e das leis naturais. O milagre é, portanto, um prodígio, um fato maravilhoso, extraordinário, deslumbrante, espantoso, admirável, sobrenatural, que só pode ser entendido à luz da fé. E é exatamente assim que os devotos de Aparecida veem os milagres históricos e as graças concedidas pela santa nas décadas que seguiram.

9

Os antigos testemunhos

O número de graças e milagres de Aparecida registrados em quase duzentos anos, de 1717 até o início do século XX, é de fato surpreendentemente pequeno, quando são levadas em conta a força e a rapidez com que o culto avançou. Não passam de poucos episódios dignos de nota, que se contam com os dedos das mãos: o do escravo Zacarias, o das velas, o do homem que queria entrar na igreja a cavalo, o da menina cega, o da onça e o do menino no rio. Essa escassez pode ser explicada pela dificuldade de comunicação que havia naquela então pequena localidade no Vale do Paraíba, na época, e no Brasil em geral. Porém, na virada para o século XX tudo mudou, e os responsáveis diretos foram os seis padres redentoristas alemães que chegaram a Aparecida em 1894. Assombrosamente, apenas seis anos depois de aportarem num país que, para eles, estava no fim do mundo, com um idioma muito diferente, os pioneiros redentoristas já conseguiram montar uma pequena gráfica para divulgar a mensagem e, sobretudo, registrar a história. Vale repetir: apenas seis anos depois de chegar a Aparecida, sem quase nenhum recurso, um pequeno grupo de padres alemães pôs uma gráfica para funcionar.

A informação oral se perde facilmente ou é alterada à medida que se transmite de uma para outra pessoa. Mas o que se escreve fica para sempre. Os redentoristas sabiam muito bem disso e, logo depois de montar a gráfica em 1900, no mesmo ano, em 10 de novembro, já lançaram o jornal *Santuário da Aparecida*, inicialmente com periodicidade semanal e o objetivo de "propagar a devoção a Nossa Senhora, fazer cobertura das festas e romarias e levar também aos leitores um pouco mais de orientação e instrução". Hoje, quase 117 anos depois, o *Jornal Santuário*, nome com o qual foi rebatizado, continua a circular e é o mais antigo periódico católico existente no Brasil, órgão oficial do Santuário Nacional, ainda editado pelos missionários redentoristas, com circulação mensal e tiragem de 12 mil exemplares. "Suas páginas querem registrar e transmitir a devoção do povo a Maria e cantar as glórias daquela que é a Mãe de Deus e nossa. O jornal tem ainda como objetivo formar cristãos na fé e cidadãos conscientes de suas responsabilidades sociais e humanas. Traz notícias da Igreja, debate temas, informa sobre fatos relevantes do Brasil e do mundo. Traz também subsídios para estudos e para a ação pastoral", explicam os editores do jornal, que, em abril de 2017, chegou ao número 5.800, sem interrupções, o que é uma permanência inusitada no mercado editorial brasileiro.

Foi no *Santuário da Aparecida* que começaram a ser publicados os primeiros relatos de graças recebidas por intercessão da santa, porque, rapidamente, os redentoristas perceberam a importância de divulgar e eternizar os testemunhos. Sabiam que essa era a grande força da imagem, o poder sagrado que

OS ANTIGOS TESTEMUNHOS / 97

transcendia a lógica e por isso tanto atraía os fiéis, em um rebanho tão disperso como era aquele da época. Em 1903, por exemplo, um padre redentorista narrou este episódio: "A imagem de Nossa Senhora Aparecida que levamos conosco nas viagens parece exercer uma atração especial, pois muito e piedosamente as pessoas rezavam diante dela. Depois da volta dos missionários a Aparecida, veio a notícia de um milagre acontecido durante a renovação da missão em Queluz, em outubro deste ano. Um menino de 10 a 11 anos, quase paralítico, foi a Queluz para pedir esmolas. Um dos missionários, com a esmola deu-lhe também o conselho de fazer uma novena a Nossa Senhora Aparecida. O pequeno seguiu o conselho e após alguns dias estava andando livremente. Depois ele veio até Aparecida cumprir sua promessa."

Em outras cidades também se espalhavam as notícias de graças concedidas pela santa. Em 17 de agosto de 1935, esta nota foi publicada em um jornal de Campinas, interior de São Paulo: "Em palestra com o nosso redator, a senhora dona Ernestina Santos, viúva, residente nesta cidade, à rua Visconde do Rio Branco, número 832, narrou o seguinte: seriamente doente durante um ano, sendo que nos últimos sete meses ficou recolhida ao leito completamente imóvel, desenganada pela ciência médica, teve a ideia de cumprir uma promessa que fora feita pelo seu saudoso esposo, quando ainda vivo. Dirigiu-se no dia 7 de julho do corrente ano ao bairro dos Amarais, para visitar a capela de Nossa Senhora Aparecida. Com bastante esforço, sempre amparada pelos braços de um filho e da serviçal da casa, conseguiu chegar à referida capela. Rezou com devoção durante longo tempo e, de repente, sentiu um toque sobrenatural. Fazendo um pequeno esforço

98 / NOSSA SENHORA APARECIDA

conseguiu locomover-se e, para espanto geral, começou a andar sem dificuldade. Tanto as pessoas de sua família como as das relações de sua amizade são unânimes em afirmar que se trata de um autêntico milagre, levando em conta que a doente, nos últimos meses, vinha passando deitada em seu leito sem poder fazer o mais leve movimento."

Os casos se sucediam rapidamente. João Sebe, pai do menino José, de 3 anos, prestou um testemunho em que contou esta história: seu filho passava pela rua e foi colhido por um bonde. Ele invocou Nossa Senhora Aparecida e, "para grande admiração das pessoas presentes, o menino foi retirado de baixo do bonde são e salvo, apenas com leves arranhões".

Em 1937, em Ribeirão das Mortes, Minas Gerais, o filho de Augusto Bernardes Ferreira caiu debaixo da roda de um carro de boi carregado de madeira. Os bois continuaram andando e a roda passou por cima do corpo da criança. Nesse momento o pai pediu o socorro de Nossa Senhora Aparecida, e o menino saiu ileso.

RELATOS DE RELIGIOSOS

No início do século XX, muitos dos relatos de graças eram registrados pelos próprios religiosos, informados dos episódios por fiéis que os procuravam. Posteriormente, esses testemunhos foram mais ou menos organizados e divulgados por outras organizações católicas, como os Arautos do Evangelho, que mantêm em seus arquivos casos de cura como o que ocorreu em fevereiro de 1929, registrado pelo padre Nestor Tomás de Sousa. A graça teria acontecido na cidade de Presidente Alves, interior de São Paulo. O padre contou: "Estava exposta a imagem de Nossa Senhora Aparecida, que conosco levamos como de costume. E diante dela vinha rezar cotidianamente uma menina de uns 10 anos, a qual fora vítima da frieza bárbara de um tipo vil, inimigo de seu pai, que a procurara assassinar, dando-lhe inúmeras facadas. Tinha um dos braços quase sem movimento, resultante dos muitos ferimentos que nele recebera. Diziam os médicos terem sido atingidos os tendões. Prognosticaram a volta dos movimentos depois de muito tempo. Mas a criança pediu a cura completa a Nossa Senhora. Um dia ela pediu à sua mãe uma moeda de mil-réis para colocá-la ao pé da imagem, a qual se achava exposta a altura tal que uma criança como a dita menina só poderia alcançar erguendo-se na ponta dos pés e estendendo o braço, o que ela não conseguia fazer. Depois de sua curta oração, a criança se levanta e, como se nada tivera até então, joga o braço para cima e sem a mínima dor, tendo ouvido apenas um 'estalo', disse ela. Ela mesma espantada diante do acontecimento deixa cair a moeda, mas a vem entregar o missionário que acabara de dar a aula de catecismo, e ela corre à casa a narrar aos pais o acontecido. Admiram-se estes, puxam-lhe o braço, erguem-no. O membro tem todos os movimentos e a pequena não sente mais dores."

Também foi registrada pelos Arautos esta narrativa do padre Júlio Brustoloni: "Uma família humilde veio da cidade de Cuiabá, Mato Grosso, para agradecer a Aparecida. Quem nos conta a graça alcançada é a mãe da criança, dona Edna Neri: 'Nosso filho pequeno estava brincando debaixo de um caminhão. Aconteceu que o motorista, sem perceber, o pôs em movimento. Foi tudo tão rápido que não pudemos impedir a saída do veículo, mas gritamos por Nossa Senhora Aparecida.

100 / NOSSA SENHORA APARECIDA

Assustado, o motorista freou o veículo, julgando que tivesse passado por cima da criança. O menino sofreu apenas alguns ferimentos leves e já está perfeitamente bem. Era o dia da festa de Aparecida, 12 de outubro, e naquele dia meu marido havia feito, logo cedo, uma prece diante de sua imagem, agradecendo e pedindo proteção para toda a família. E naquele mesmo dia Nossa Senhora nos amparou, salvando nosso filho de ser esmagado pelas rodas do caminhão.'"

E houve mais este episódio relatado por um religioso, em julho de 1936: "Um fato portentoso passou-se no longínquo estado de Goiás, na povoação denominada Aparecida, onde há igreja e mesmo uma romaria em louvor à Padroeira do Brasil. O serrador do senhor José Cândido de Queiroz, na ocasião em que fazia um conserto na máquina de serra, ficou por acaso com o braço preso, enquanto a serra continuava a trabalhar. Mais um instante e seu braço seria forçosamente decepado pela serra. Lembrando-se nesse angustiante momento de Nossa Senhora Aparecida, por ela gritou e a serra no mesmo instante parou misteriosamente, sem intervenção humana."

Padre Humberto, um sacerdote de Nonoai, Rio Grande do Sul, escreveu uma carta ao Santuário, em abril de 1940, para contar esta graça: "Pedrinho Zambon, de 23 anos de idade, sofria da doença de ataques havia dezessete anos e, repetindo-se nestes últimos tempos quatro a cinco vezes por dia, fez a promessa de ir à capela de Nossa Senhora Aparecida, distante duas léguas da casa dele, mas ir em jejum e a pé, receber lá na hora da missa a santa comunhão e voltar a pé, outra vez em jejum, e mandar seu retrato para o Santuário. Assim o fez, e desde aquela missa, em setembro do ano passado, até agora não teve mais nenhum ataque."

Em 1939, o *Santuário da Aparecida* publicou este testemunho: "A irmã Ester Raizer, da Congregação das Irmãs de Santa Catarina, sofrendo de apendicite, foi obrigada a submeter-se a uma melindrosa operação, durante a qual o dr. Hernani Serra declarou que não havia mais cura. Ouvindo isso, a superiora que estava presente recorreu com confiança a Nossa Senhora Aparecida, prometendo publicar o milagre caso fosse atendida, pois o doutor e as irmãs enfermeiras declararam que só por milagre ela podia salvar-se. Depois de alguns meses, a irmã pôde recomeçar os seus trabalhos escolares. Uma noviça da mesma congregação sofria há vários meses de dor no estômago e também foi curada milagrosamente pela intercessão de Nossa Senhora Aparecida."

Um religioso identificado apenas como frei Honorato relatou: "A senhora Júlia Werner de Oliveira, natural de Lajes, estado de Santa Catarina, achava-se doente havia muito tempo. Afinal declarou-lhe o médico que somente uma operação perigosíssima ainda podia salvar-lhe a vida. Tendo ela grande fé em Nossa Senhora Aparecida, recorreu a essa boa mãe e ficou boa sem operação e sem outro medicamento."

Em 1940, uma irmã franciscana de Lapa, Paraná, testemunhou que sofria dos pulmões, "acusando a chapa de raio-X profundas cavernas": "Recorri a Nossa Senhora Aparecida e, sem quase remédio, fiquei curada, podendo já servir de enfermeira nos penosos trabalhos do sanatório."

O cônego José de Mello Rezende, vigário de Conquista, Minas Gerais, escreveu esta mensagem em 2 de fevereiro de 1944: "Incluo uma fotografia de dona Josefina Bandeira Bizinotto, que, vítima de uma pneumonia e congestão pulmonar, já em estado grave e desenganada pela medicina, se restabeleceu rápida e milagrosamente por intercessão de Nossa Senhora Aparecida."

O seminarista Nelson Neto da Silva escreveu de Guaxupé, Minas Gerais: "Como desde 17 anos o meu querido pai vinha sofrendo gravemente de uma úlcera no estômago e como ultimamente, por ordem dos médicos desta localidade, foi preciso sujeitar-se a uma operação, recorri com todos de minha casa à nossa querida mãe, a santíssima Virgem Aparecida, e dela alcancei a graça de que o meu extremoso pai se acha hoje são e perfeitamente curado. Em preito de gratidão e amor, venho agora cumprir meu voto de publicar tão grande favor."

O subdiácono A. Carneiro da Cunha Manso contou que, tendo concluído o seu curso eclesiástico de onze anos no Seminário da Paraíba e achando-se bastante abatido, adoeceu gravemente de febre tifoide no dia 25 de fevereiro de 1938. "A febre elevou-se a 40 graus. Tive colapso cardíaco e outras complicações. Recorri à Virgem da Conceição Aparecida, pedindo-lhe que se alcançasse de Deus a graça de meu completo restabelecimento tomaria uma assinatura do jornal *Santuário da Aparecida*, faria uma capela dedicada à excelsa padroeira e publicaria a graça."

Em 1940, o padre José Cobucci, vigário de Monte Alegre, São Paulo, tornou pública uma graça recebida por ele: "Aos pés do Divino Coração de Jesus, venho aqui levantar minha pálida e desfigurada voz a fim de agradecer a Nossa Senhora Aparecida a graça inolvidável de me restituir a saúde. Um triste infortúnio, causado por um acidente automobilístico ocorrido entre São José dos Campos e Caçapava, de volta de Aparecida, veio empanar o brilho e a alegria de tão auspiciosa visita. Entretanto, Nossa Senhora, sempre solerte e milagrosa em acudir seus filhos, em breve tempo, apesar dos prognósticos médicos quanto à duração da enfermidade, operou o mais estupendo

OS ANTIGOS TESTEMUNHOS / 103

dos milagres, fazendo-me voltar prontamente às ocupações paroquiais. Quero, portanto, erguer meu coração grato e bradar bem alto, louvando Nossa Senhora Aparecida."

Outro testemunho publicado no *Santuário da Aparecida*: "Um sacerdote redentorista nos refere o seguinte: no dia 9 de setembro de 1942, dois missionários de Cachoeira, Rio Grande do Sul, pregaram as santas missões pela primeira vez na histórica cidade de Laguna, no estado de Santa Catarina. É esta cidade, com muita razão, chamada Mãe do Rio Grande do Sul, por haver sido daí que, em meados do século 17, desceram os primeiros imigrantes que foram fundar cidades no estado. As santas missões, pregadas de 9 de setembro a 23 de outubro, tiveram um resultado extraordinário e brilhante. Sem dúvida nenhuma, foi uma graça especial de Nossa Senhora Aparecida o haver-se constatado resultado tão consolador. Mais uma vez os filhos de Santo Afonso, propagando a devoção da padroeira do Brasil nas missões redentoristas, puderam colher tão auspiciosos frutos. Durante a missão em uma das capelas da paróquia de Laguna deu-se um fato bem semelhante ao que ocorreu por ocasião do encontro da imagem milagrosa de Nossa Senhora Aparecida no rio Paraíba. Numa bela manhã, depois de todos haverem assistido à santa missa, e ouvido a pregação do missionário, eis que chega a notícia de que muitas miragaias *(um tipo de peixe)* tinham entrado pela barra. Temendo fazer uma pescaria durante as missões, os pescadores foram consultar o missionário. Recebida a licença, um dos chefes foi prostrar-se aos pés de Nossa Senhora Aparecida, cópia fiel da verdadeira imagem que os missionários costumam levar para as missões e expor à veneração dos fiéis, pedindo sua proteção e fazendo uma promes-

104 / NOSSA SENHORA APARECIDA

sa. Munidos de grandes redes, mais de cinquenta pescadores saíram ao mar, confiados na proteção de Nossa Senhora Aparecida. Pela tarde, voltaram alegres e satisfeitos, trazendo 499 grandes miragaias, no valor de 10 mil cruzeiros. É assim que Nossa Senhora Aparecida protege e auxilia seus servos."

CHEGA A *ECOS MARIANOS*

Somado aos relatos de graças divulgados pelas publicações oficiais do Santuário, o esforço de comunicação dos redentoristas ganhou um impulso ainda maior na divulgação do poder da santa. Na década de 1920, a fim de potencializar os efeitos do jornal *Santuário da Aparecida*, foi lançada a revista *Ecos Marianos*, que dedicava várias páginas especialmente aos relatos de graças recebidas, em alguns casos mediante pagamento pela publicação, interpretado como doações à santa. Como sempre ocorreu, desde os pioneiros redentoristas até hoje, o tom adotado pelos padres era de extrema cautela.

Por exemplo, em 1939, o editor da *Ecos Marianos* anunciou: "Para maior edificação dos fiéis e para mais movê-los à confiança e à devoção a Nossa Senhora Aparecida, damos a seguir a descrição de algumas graças concedidas pela Virgem Santíssima a seus devotos." Mas logo tratou de explicar: "Advertimos que aqui não se trata de milagres no sentido estrito da palavra, mas apenas de favores que Nossa Senhora costuma dispensar a quem nela confia e recorre à sua proteção. Pela doutrina da Igreja sabemos que todas as graças e favores que Deus concede aos homens passam pelas mãos de Maria, não porque Ele as não pudesse conceder direta e imediatamente, mas unicamente porque Ele assim o determinou. Essa ordem preestabelecida por Deus nós a vemos em tudo, tanto na ordem da natureza como na da graça. O Eterno poderia aparecer no mundo sem o concurso de Maria, mas não o fez; preferiu nascer da Virgem Santíssima, depois de obter dela o seu consentimento à maternidade divina. Medianeira da mais estupenda e maior graça, que o Onipotente jamais concedeu aos homens, ela o é também a respeito das outras graças com que Deus favoreceu as criaturas. A Igreja Católica saúda Maria como auxílio dos cristãos e como saúde dos enfermos; e com razão, porque essa mãe carinhosa, sempre pronta a ajudar, auxilia perpetuamente os seus devotos filhos, que a invocam em suas necessidades espirituais e temporais. Essa verdade, atestam-na todos quantos se lembraram de recorrer à Virgem em suas aflições. Todos os santuários marianos no mundo são monumentos da gratidão do povo católico e confirmação da verdade que acabamos de afirmar. Aparecida, esse santuário nacional, é um desses lugares abençoados que Maria escolheu para difundir com liberalidade os seus favores. Seria impossível enumerar sequer as graças que Nossa Senhora Aparecida tem dispensado a seus filhos brasileiros. Nem é nossa intenção fazer aqui resenha completa delas; queremos apenas mencionar, com brevidade, algumas graças que mais inspiram devoção e confiança na proteção de Maria e mais mostram o seu amor aos que a invocam. O quanto possível, daremos a descrição tal qual nos foi apresentada pelos beneficiados de Nossa Senhora Aparecida."

Dois anos depois, em 1941, os editores das publicações oficiais do Santuário reiteraram o cuidado com que encaravam os relatos de graças e milagres, em um editorial com o título "O grande poder de nossa celeste protetora, a Virgem Aparecida".

O texto dizia: "A cada dia se manifestam mais evidentes e maravilhosos o poder e a bondade da grande Mãe de Deus, conhecida e invocada sob o título de Nossa Senhora Aparecida. De todos os recantos do país afluem diariamente cartas, retratos de ex-votos, muletas etc., manifestações inequívocas de favores e graças alcançadas, manifestações sinceras de gratidão e reconhecimento dos miraculados para com a poderosa Padroeira e Mãe dos brasileiros, Nossa Senhora Aparecida. O *Santuário da Aparecida*, órgão oficial da Basílica, publica resumidamente todas as semanas uma extensa relação de favores e graças que os fiéis alcançam e mandam publicar por promessa e para maior honra da Virgem Santa. Muito maior, porém, será sem dúvida o número dos agraciados que, por este ou aquele motivo, não aparecem nas colunas deste ou de outros jornais. Para a *Ecos Marianos*, que tem por principal finalidade fomentar e propagar a devoção a Nossa Senhora Aparecida, vamos trasladar do nosso arquivo alguns documentos comprobativos do que acima fica dito. Nota: obedecendo às determinações de Roma, declaramos que à palavra 'milagre' queremos atribuir somente um sentido vulgar, e não o sentido estrito e teológico, abstendo-nos de qualquer julgamento sobre os fatos relatados."

Nessas duas explicações, que reafirmam o cuidado dos padres de Aparecida, fala-se em favores, graças, milagres, bênçãos. Em síntese, o que foi dito nesses textos da primeira metade do século XX é o que o reitor do Santuário, padre João Batista de Almeida, observa agora: "Se alguém diz que foi milagre, para nós também foi milagre. Não nos cabe julgar." No entanto, independentemente da veracidade dos relatos, o que os padres redentoristas que chegaram ao Brasil na virada do século XIX para o XX fizeram de mais excepcional, com a publicação da

OS ANTIGOS TESTEMUNHOS / 107

revista *Ecos Marianos*, foi legar à crônica do catolicismo e, em particular, aos anais de Aparecida, um registro histórico sem igual, na linguagem da época e segundo os valores e a cultura que então predominavam.

Em geral, os testemunhos eram curtos, alguns dos quais vinham acompanhados de desenhos ou fotografias. Em 1939 foram publicadas duas fotos do navio *West Selene*, que estava em perigo de naufragar perto da baía de Santos, até que o capitão John Edwards pediu o socorro de Nossa Senhora Aparecida e, de repente, "as ondas furiosas se alisaram e o navio se achou salvo". Logo acima das fotos e do relato estava esta observação: "Recebemos constantemente grande número de retratos, com o pedido insistente de publicá-los nos *Ecos Marianos*. Para orientação dos devotos de Nossa Senhora, comunicamos que é impossível atender a todos. Dentre milhares de fotografias e relações de graças são escolhidas apenas aquelas que tratam de fatos ou curas mais importantes e que assim possam contribuir para a glória de Deus e de Maria Santíssima, e para o bem das almas. Pessoas que nos mandam relações de curas milagrosas devem fazer o possível para conseguir um atestado médico e a assinatura de duas testemunhas fidedignas."

Esse é um valioso registro do espírito da época — "atestado médico e a assinatura de duas testemunhas fidedignas" —, que se estende à descrição das muitas graças publicadas, como o relato de uma freira que assinou apenas como "Irmã A. — J. de F.", que se pode deduzir que tenha sido uma religiosa de algum convento de, talvez, Juiz de Fora, no mesmo estado em que aconteceu o fato relatado, Minas Gerais. Pela riqueza de detalhes e para preservar a linguagem e o tom que predominavam no início do século XX, vale a pena reproduzir o depoimento na íntegra. Isto foi o que registrou a Irmã A., de J. de F., testemunha ocular e participante do episódio divulgado em 1939, neste texto que recebeu o título "Graças vos damos":

"Depois de muitos impedimentos e obstáculos, estava progredindo a construção do Colégio São José, de Campo Belo, oeste de Minas. Em 21 de dezembro de 1930, já estavam prosseguindo no reboco da parte externa, prevendo-se o término da construção antes do início do novo ano escolar. Mas os desígnios de Deus eram outros. Pelas 10 horas da manhã do referido dia aconteceu o inesperado. No meio do serviço quebra um suporte do andaime, arrastando consigo o melhor operário e o mestre de obras, que salta em socorro do primeiro. Questão de segundos, que deixa os espectadores petrificados perante a cruel realidade. As vítimas jazem sobre os blocos de pedra, tábuas sobre o peito e a cabeça. Passados os primeiros momentos de horror e pasmo, correm os colegas em seu auxílio e avisam o vigário e a diretora do colégio sobre o ocorrido. O sacerdote, na aflição do momento, só arranca do peito um grito: 'Nossa Senhora Aparecida, valei-nos!', e corre para o lugar do acidente. As duas vítimas já estão recolhidas e sob os cuidados médicos dos doutores da localidade, que com grande presteza prontificam seu auxílio.

O mestre de obras, depois de 20 minutos, volta a si, apresentando leves abalos cerebrais, contusões no tórax e um profundo talho na língua. A sorte do operário é mais triste. De aspecto exterior menos assustador, mergulhado, porém, em profunda síncope e com o rosto desfeito e a vista entumecida, apresenta todos os sintomas duma fração do crânio médio. Com todo cuidado é levado à Santa Casa de Misericórdia, onde, na falta de irmãs de caridade, as próprias irmãs do colégio assumem o papel de enfermeiras. Passam-se horas angustiosas. O diagnóstico dos médicos é unânime: 'O caso é perdido. O moço poderá sobreviver apenas umas duas horas.'

Tal notícia era para desanimar, mas, nesses momentos de aflição geral, sentem-se o vigário e as irmãs invadidos de uma grande confiança em Nossa Senhora Aparecida. Ela há de ajudar, há de fazer o grande milagre e salvar essa vida em jogo e principalmente a pobre alma em triste estado. E mais uma vez patenteou-se a invocação do *Memorare*: 'Nunca se ouviu que alguém que tenha recorrido a vossa proteção fosse por vós desamparado.' Seguem-se as horas, angustiosas, pesadas como as chuvas de Natal, que iniciaram. Vem a primeira noite. O doente, em delírio, revolta-se contra o estado; a natureza luta contra o extermínio e esses ímpetos da vida dão lugar a dolorosas angústias. Perto da meia-noite, parece tudo perdido. Estava eu ao lado do doente com uns parentes chegados. Na impotência do meu auxílio, dou-lhe a injeção, ordenada para este momento crítico, mas do meu coração arranca-se o grito de piedade a Nossa Senhora. Mais uma vez, vence o moribundo a fraqueza. Assim seguem-se as horas até a manhã. Cada novo dia é um milagre da misericórdia divina, bem o sabemos, e os médicos o afirmam. Outros milagres estão se preparando. Os dois irmãos do enfermo, vencidos pela graça de Deus, à vista da grande misericórdia divina, pedem-me instruções. Vieram celebrar o Natal com Deus e fazer a sua primeira comunhão. Trazem ainda um amigo, e três corações varonis achegam-se ao Coração Eucarístico de Jesus, pedindo misericórdia para o irmão que, dia após dia, está entre a vida e a morte. Afinal, pelos primeiros dias do novo ano, desaparece o perigo de morte, mas ameaça o perigo do desequilíbrio mental. Necessidade de repouso completo obriga os médicos a interná-lo num apartamento provisório no colégio. O doente já fala, alimenta-se, reage, mas sem associações de ideias, sem equilíbrio mental. Uma punção na espinha dá-lhe por momentos a lucidez de espírito, para logo em seguida dar lugar a novo torpor. Passamos dias de ânsia, de oração a Nossa Senhora. Ela que lhe concedeu a vida há de dar igualmente o pleno juízo. É nossa inabalável confiança. O mestre de obras já está inteiramente de posse de suas forças, à frente do serviço. O operário também já anda, alimenta-se bem, mas falta-lhe o juízo perfeito. Lá, um dia, sem esperarmos por isso, recebe nova graça de Nossa Senhora. Como um relâmpago, passa-lhe o passado pela mente, orienta-se ele sobre o presente, sua estadia no colégio das irmãs e... como foi previsto, ele, uma vez senhor da situação, retira-se pressuroso para a casa da irmã. Aí completa o seu restabelecimento. Como foi grande o nosso júbilo e de todos os nossos bons amigos, vendo a cura feliz! A comissão médica, após um rigoroso exame, declarou os dois pacientes com pleno gozo de saúde e livres de qualquer consequência comprometedora para o futuro.

O dia 2 de fevereiro, festa de Nossa Senhora das Candeias, era destinado para cumprirmos nossas promessas. Era um dia de graças e de alegria geral para toda a cidade. Às 7 horas, foi a primeira missa com comunhão geral de todos os operários e habitantes do colégio. Às 10 horas seguiu-se uma missa solene em ação de graças, à qual assistiram quase todos os cidadãos. A chuva torrencial que se iniciou no fim da missa impediu a procissão em honra de Nossa Senhora Aparecida. Foi a mesma adiada para o dia seguinte. Às 4 horas saiu o cortejo da igreja matriz. A população em peso apareceu. A imagem de Nossa Senhora Aparecida saiu num andor em forma de barca. Foi um verdadeiro triunfo da querida Mãezinha do céu. Os dois privilegiados, auxiliados por seus colegas de serviço, irmãos e parentes, carregaram durante todo o cortejo o não leve andor; orações e cânticos enchiam os ares e cada vez mais vibrante entoava-se o hino: 'Graças vos damos, Senhora.' Jovens e velhos, todos estavam tomados dum santo delírio e a própria natureza parecia respeitar a hora. A chuva, que pendia sobre nossas cabeças, só caiu quando os últimos estavam abrigados na vasta nave da igreja e nas casas vizinhas. Nossa Senhora completou sua obra de misericórdia, mudando tão completamente o coração de seu protegido, que de mundano e indiferente se tornou um fervoroso católico praticante, de missa e comunhão diária, modelo da mocidade. Na capela do colégio um lindo oratório com a cópia fiel da verdadeira imagem da Padroeira do Brasil, revestida da capa de seda azul, bordada de ouro e com uma rica coroa de ouro e brilhantes, donativo de senhoras devotas da cidade, anuncia a todos os visitantes as misericórdias de Deus e a visível proteção de sua querida Mãe. Que esta boa Mãe celeste reine em todos os lares brasileiros são os meus votos e minhas constantes preocupações na abençoada tarefa de educadora brasileira."

Mais do que um simples testemunho, o que a "Irmã A. — J. de F." fez foi uma crônica que reflete a linguagem e alguns dos costumes do início do século XX, com toques poéticos. Na maioria dos casos, no entanto, os relatos são bem mais sucintos, geralmente escritos pela própria pessoa que se sentiu tocada pela graça ou por um parente próximo. Em 1924, por exemplo, Joaquim Lopes Goulart, empregado da Rede Sul Mineira, enviou à *Ecos Marianos* uma fotografia impressionante em que aparece preso debaixo de um enorme tronco de madeira, para ilustrar e dar ênfase ao que ocorreu: no dia 27 de

112 / NOSSA SENHORA APARECIDA

outubro daquele ano, ele estava no trabalho quando a tora escapou do guindaste e caiu sobre ele. Certo de que ia morrer, Joaquim invocou a proteção de Nossa Senhora Aparecida e foi miraculosamente salvo. "Em cumprimento de promessa, envio este retrato à Sala dos Milagres", ele explicou.

Também junto de uma fotografia de um homem em pé ao lado de um cavalo, sob o título "Um verdadeiro milagre operado por Nossa Senhora Aparecida", foi registrado que o senhor Ozório Vicente Domingues foi apanhado por um veículo com 96 arrobas (quase 1.500 quilos) de carga que lhe passou por cima das coxas, e ele se recuperou inteiramente.

Em 1929, a *Ecos Marianos* publicou um longo relato de Manoel E. Altenfelder Silva, que fez esta observação inicial: "Deu-se esse milagre em 1908, e não sei se ainda vive a feliz miraculada, dona Anna Maria da Conceição." Em seguida, com o romantismo, o excesso de descrições e os exageros típicos da época, mas de posse de uma história real e impressionante, relatou Altenfelder Silva, que era escritor, de família importante e, em 1928, publicou o livro *Brasileiros heróis da fé*: "Linda manhã primaveril. O velho sol despertara radioso e a terra exultava ao receber suas carícias de ouro. O céu se enfeitara de azul, sem uma nuvem sequer a obscurecer-lhe a magnificência. Nas matas verdejantes, ouvia-se a sinfonia dos pássaros, que, álacres, saudavam as primeiras horas do dia. O ar impregnara-se do suave e doce aroma das laranjeiras. Que deliciosa harmonia em todas as coisas. A população de Piracaia se preparava jubilosa para homenagear a Virgem Aparecida. E dir-se-ia que a natureza em festa se associava às suas alegrias. Fora adquirida para a matriz uma imagem da Virgem, que, em formoso altar, entre luzes e flores, dali por diante atrairia aos seus pés as multidões sequiosas dos dons celestiais.

Ciente de que uma nova imagem de Nossa Senhora estava exposta à veneração dos fiéis, uma pobre velhinha, residente em humilde casebre de afastado bairro, para o templo dirigiu seus trôpegos passos. Há dezoito anos vivia ela acabrunhada por cruel enfermidade, um tumor canceroso que lhe tomara quase por completo uma das faces e lhe fazia sofrer acerbas dores. De fé robusta, a velhinha — alma simples e boa — ia implorar a Aparecida o suspirado alívio. Da ciência humana nada mais podia esperar. Baldados foram os medicamentos por vários médicos prescritos, em diferentes épocas. Só no céu confiava quem para o céu vivia. A religião amenizava o sofrimento moral. Resignara-se, mas nenhum alívio sentia para o mal físico. Prostrou-se, pois, a enferma ante os pés da Mãe de Misericórdia. E tais coisas lhe disse, e tão grande esperança lhe sorriu ao terminar a sua confidência, e regressou da igreja com a alma radiante. Rezara à Virgem, dissera-lhe todo o sofrer, confiava pois no seu valimento.

Durante três noites consecutivas, ao estirar sobre o duro leito os alquebrados membros, rezava ainda a pobre enferma, com a mesma intenção, até que o sono lhe cerrasse as pálpebras. Aos primeiros albores da manhã, despertou a velhinha. Mas quê? Não estaria ela sonhando? Que estranho bem-estar era esse que lhe invadira o ser? Chama o filho, o seu único arrimo na velhice, e lhe diz: 'Filho, traze-me uma luz. Olha para o meu rosto e diz-me a realidade do que vires.' O filho obedece. Iluminada a alcova, nota o moço, estupefato, no rosto de sua mãe apenas um sinal, uma cicatriz! E seu espanto cresce de vulto quando, olhando para o leito, vê, sobre as pobres roupas, o grande tumor canceroso. 'Milagre! Milagre!', exclamam ambos.

114 / NOSSA SENHORA APARECIDA

E em pouco tempo a notícia se espalhou pela cidade. E a velhinha é visitada por inúmeras pessoas. Todos queriam ver a miraculada: uns por espírito de fé, outros por incredulidade. Mas ninguém podia negar o prodígio. E a todos a velhinha, debulhada em lágrimas, trêmula de emoção — num misto de amor e gratidão à Virgem —, vai dizendo: 'Foi Nossa Senhora Aparecida que me curou.' E a todos, singelamente, conta as súplicas que fizera à Virgem quando, há quatro dias, se prostrara ante sua imagem. Ninguém desespere nas aflições da vida, por mais acabrunhadoras que sejam. Lembrem-se todos deste recurso soberano: recorrer a Nossa Senhora. Quem, como eu, tem tido a ventura de visitar mais de uma vez a Basílica de Nossa Senhora Aparecida verificará o aumento, ano por ano, do número de ex-votos pendentes das paredes da Sala dos Milagres."

ACIDENTES

Alguns relatos dessa época e divulgados pela revista, embora bem mais curtos e objetivos, tinham igual impacto, por estarem ao lado de imagens fortes, que davam uma ideia mais clara dos fatos narrados, principalmente quando se tratava de acidentes de carro ou trem. Em 1927, por exemplo, a *Ecos Marianos* publicou a foto de um automóvel bastante avariado, virado de lado, embaixo de um barranco alto. Sob o título "Uma família salva por intercessão de Nossa Senhora", vinha este texto: "O coronel Bento Leite de Camargo e família, quando desciam a serra dos Cristais [provavelmente na região que fica entre Jundiaí e Cajamar, em São Paulo], o seu carro precipitou-se da altura de 11 metros e nesse momento de grande aflição foi invocado o nome de Nossa Senhora Aparecida, e graças a ela não houve caso fatal."

Uma impressionante foto enviada ao Santuário mostrava vagões de trem totalmente despedaçados, depois de um acidente ocorrido no dia 22 de fevereiro de 1920, em ferrovia não identificada. Ao lado estava este texto curto: "Salvação milagrosa pela intercessão de Nossa Senhora Aparecida. O maquinista Antônio Paixão agradece a Nossa Senhora o ter livrado da morte por ocasião de um gravíssimo desastre na estrada de ferro."

Em dezembro de 1928, Carmo Sanussi, de Guaranésia, Minas Gerais, enviou este depoimento ao Santuário: "Quando meu filho João guiava o automóvel de minha família, em um dia muito chuvoso, não conseguiu subir um morro, junto do qual tombou lateralmente num barranco de quase 3 metros de alto. Parado o automóvel e dada novamente a partida, resultou, por estar o mesmo sobre grama muito molhada, vir, com instantânea velocidade, ladeando para o lado do barranco. Neste momento, clamei, desesperado, à Virgem Aparecida. Poder admirável! O carro ficou com a parte traseira suspensa sobre o barranco, sem se mover mais, e meu filho nada sofreu. Secundariamente, nem o automóvel se estragou."

Em janeiro de 1937, um "fervoroso devoto", que não se identificou, enviou aos redentoristas a foto de um caminhão acidentado, com várias pessoas ao lado, com esta explicação: "Onde tudo falha, Maria Santíssima não falta. Fotografia oferecida à milagrosa Nossa Senhora Aparecida, como promessa por ter salvo este caminhão com mudança e 60 sacos de açúcar e mais passageiros quando afundou a balsa na passagem do rio Taquari. Orientada por Nossa Senhora Aparecida, a balsa estacou, como se nada tivesse acontecido."

Outro devoto não identificado remeteu uma foto que mostrava vagões de trem descarrilados, muitos destroços e

116 / NOSSA SENHORA APARECIDA

várias pessoas em volta e escreveu: "Nossa Senhora protege os viajantes. Todos os grandes jornais noticiaram o terrível desastre acontecido na Estrada de Ferro Central do Brasil no dia 30 de novembro de 1937. O rápido, que às 7 horas partiu da capital federal [na época, o Rio de Janeiro] para São Paulo, descarrilou entre Barra do Piraí e Barra Mansa, quando passou a ponte de um pequeno rio, caindo quase todas as composições do trem no abismo. Embora os carros estivessem superlotados, só quatro pessoas pereceram. No momento da catástrofe um devoto gritou por Nossa Senhora Aparecida, e ela salvou centenas de vidas."

Benedito Rezende, de Itaporanga, estado de São Paulo, recebeu esta graça: "A 25 de março de 1939 estávamos uma turma de 22 pessoas trabalhando numa nova construção. Deu-se então um desastre: caiu um barranco de 8 metros de altura em cima de mim e de um camarada de nome Marcelino. Quando o barranco vinha caindo, levei os braços ao rosto e gritei por Nossa Senhora Aparecida. Senti que a terra se partiu, mas ficamos soterrados debaixo de 1 metro e 80 centímetros de terra. O povo acorreu e trabalhou com toda pressa para nos desenterrar, o que conseguiram 35 minutos depois. O companheiro, infelizmente, estava morto. Eu fui milagrosamente protegido e saí salvo e são, embora muito afogado. Em cumprimento de promessa, visitei o Santuário de Aparecida e mandei celebrar três missas em louvor de Nossa Senhora."

Acompanhado de uma fotografia que mostrava cerca de 40 homens ao lado de um poço, a *Ecos Marianos* publicou este relato, em 1940: "Benedito Nicolau, residente em Padre Nóbrega, no estado de São Paulo, teve a infelicidade de ficar enterrado no fundo de um poço. Humanamente falando, ele estava perdido.

Mas as pessoas que logo acorreram começaram a fazer preces a Nossa Senhora Aparecida, e assim, após algumas horas de perigoso trabalho, conseguiram tirar Benedito, vivo e sem lesão, de sua sepultura, dando graças a Deus."

Antônio A. Silva Lima, de São Paulo, testemunhou: "No momento em que minha filhinha Maria foi atropelada por um caminhão, uma piedosa senhora recorreu a Nossa Senhora Aparecida suplicando sua proteção. Minha filhinha nada sofreu, a não ser umas pequenas escoriações. Foi um verdadeiro milagre porque, devido à violência do choque, ela deveria, humanamente falando, ficar esmagada pelo possante veículo."

Francisca Cabral registrou este caso: "Um amigo nosso ia para São Paulo à noite em companhia de um neto, cada qual no seu automóvel. Em uma curva da estrada, às 3 horas da madrugada, capotou o carro, ficando o nosso amigo por baixo, saindo porém ileso, sem um arranhão. Se tivesse ido para o lado oposto teria sido precipitado no abismo. Os dois puderam virar o carro e continuaram a viagem, assombrados com o acontecido. Quando eles partiram, roguei de toda a minha alma a Nossa Senhora da Conceição Aparecida que os guiasse e os amparasse na viagem, entregando-os por seu bendito intermédio ao Sagrado Coração de Jesus. Hoje venho de joelhos agradecer a Nossa Senhora a grande graça que nos concedeu."

Este episódio foi publicado na *Ecos Marianos*: "Em Sertanópolis, estado do Paraná, um caminhão carregado de telhas precipitou-se ao ribeirão dos Bois. Na hora do desastre o senhor Augusto Negro, grande devoto de Nossa Senhora Aparecida, invocou à sua poderosa padroeira, que o atendeu, fazendo que o chofer, Antonio Schivinatti, se salvasse sem nenhum ferimento."

118 / NOSSA SENHORA APARECIDA

Luiz de Oliveira Arruda, de Gracianópolis, São Paulo, contou: "Estava trabalhando em uma cisterna de 144 palmos de fundo. Tendo de sair do poço para a refeição, pedi ao companheiro que me puxasse para fora da cisterna. Quando já estava perto da saída, a corda arrebentou. Imediatamente, gritei por Nossa Senhora Aparecida. Caí sobre o corte da enxada e a ponta da picareta. Mas — ó, milagre — nada me aconteceu, a não ser um pequeno arranhão no ombro esquerdo e em um dos pés. Saí ileso da cisterna para agradecer a Nossa Senhora Aparecida a sua proteção. Depois, cumpri a promessa."

João Albino Silva, de Lajes, Santa Catarina, escreveu: "Venho neste momento, com o coração vivamente inflamado de fé, transmitir dois milagres que nossa excelsa mãe e padroeira me fez neste mês. Ei-los: tendo instalado uma panificação em estilo moderno, movida a máquinas a eletricidade, quis inaugurá-la. Ao pôr as máquinas em movimento, enquanto afastava alguma poeira do cilindro, fiquei com a mão presa nos rolos, moendo-me os dedos indicador e médio e quebrando-me o terceiro. O médico, doutor Acácio Ramos Arruda, espírito profundamente católico, declarou-me que, devido ao grau das fraturas, só por um milagre podia salvar-me os dedos. Recorri à Santa Mãe Aparecida e, faz hoje dezessete dias, vejo-me livre do perigo da amputação dos dedos, já começando as carnes a cobri-los. Além disso, minha esposa, há oito dias, foi livre das garras da morte na ocasião de um parto dificílimo, por promessa feita a Nossa Senhora Aparecida. São dois verdadeiros milagres que folgo dever publicar."

Euripides Minetto, de Lençóis, estado de São Paulo, agradeceu a Nossa Senhora Aparecida a seguinte graça: "Na fazenda denominada Passos, propriedade de Carlos Minetto, Euripides, com 17 anos de idade, trabalhava em companhia de um outro com uma carroça da fazenda. Saíram da fazenda em direção a Pederneiras, conduzindo cada um a sua carroça puxada por seis burros e carregada com uma pesada carga de aguardente da fábrica. A estrada estava molhada devido à chuva. Euripides escorregou e caiu debaixo do veículo, cuja roda passou por cima de seu corpo. O moço, vendo-se já à morte, lembrou-se de Nossa Senhora Aparecida e gritou por ela. O companheiro saltou em socorro do desastrado, mas certo de encontrá-lo morto. Dez minutos depois do ocorrido, Euripides recuperou a fala e sentiu-se completamente bem. Agradecido, contou ao companheiro a oração que fizera, atribuindo, como era natural, o milagre à valiosa proteção da nossa padroeira. Em ação de graças, mandou rezar uma missa na Basílica Nacional."

Em 1938, a *Ecos Marianos* publicou o testemunho de uma religiosa identificada como "Irmã A., superiora do colégio", intitulado "Uma excursão memorável", que contou este episódio: "Num lindo dia de outubro, as alunas do colégio N. visitaram a fazenda Pinto, longe da cidade. Tudo parecia favorecer o belo convescote, quando às 3 horas da tarde desabou uma tremenda tempestade com chuvas torrenciais. Passaram as horas, mas as chuvas não cessaram e com o cair da tarde apoderou-se uma séria inquietação de nós. Pedimos em auxílio os automóveis da cidade, e cinco senhores nos ofereceram seus carros e um caminhão. Quando 32 meninas haviam partido nos automóveis, tomei, com as três últimas, o caminhão. Na escuridão, mal se distinguia o caminho. De repente, estávamos numa descida brusca de 4 metros mais ou menos e com forte declive, terminando numa estreita ponte sobre o brejo. Eu, assentada ao lado do chofer, compreendi imediatamente a seriedade da situa-

120 / NOSSA SENHORA APARECIDA

ção, pois as rodas do carro estavam a 3 palmos fora da ponte. Só tive tempo de gritar: Nossa Senhora Aparecida, valei-nos. Quando fechei os olhos senti um arranco forte. No momento seguinte, estava o carro de carga em posição atravessada e parado sobre a ponte, e nós todos, mudos de pavor. Momentos depois, confessava o chofer que ele mesmo não sabia explicar o que lhe acontecera no momento crítico. Sentiu um impulso forte para o lado contrário do perigo, quando já se viu com o carro parado na ponte. Erguemos nossa voz para agradecer a Nossa Senhora Aparecida tão visível proteção."

Abaixo desse texto havia uma observação: "A mesma irmã que nos relatou esse fato era diretora de um colégio em Santa Catarina e caiu gravemente doente, sem esperança de escapar com vida. Chamaram o confessor, frei Rogério, para lhe assistir nas horas de agonia. Vendo a grande consternação no colégio, o santo religioso implorou a intervenção de Nossa Senhora Aparecida, prometendo, ele mesmo, celebrar uma missa em seu Santuário se salvasse a boa superiora. Imediatamente passou a crise da morte e em poucos dias a irmã se levantou para nunca mais recair nessa doença. E frei Rogério fez sua peregrinação à Basílica de Aparecida para cumprir a promessa feita naquela hora."

GRAÇAS CONCEDIDAS A CRIANÇAS

Ainda mais numerosos do que os relatos de milagres envolvendo acidentes eram os testemunhos referentes a crianças, a maioria com fotos de meninos e meninas em "roupa de domingo", posando imóveis e com ar sério para os fotógrafos. Em alguns

OS ANTIGOS TESTEMUNHOS / 121

casos, o cumprimento da promessa feita pelos pais incluía a publicação do relato e da foto na *Ecos Marianos*, cujo custo era visto como uma maneira de fazer uma doação ao Santuário.

Havia páginas e páginas com fotos de crianças, quase sempre com relatos de curas inexplicáveis, como este de Maria Perassolo, de Álvares Machado, São Paulo, em agradecimento a duas importantes graças recebidas pela intercessão de Nossa Senhora Aparecida: "Estando seu filho Luiz atacado de forte pneumonia, foi desenganado pelos médicos. Aflitíssima, a mãe lembrou-se do poder de Maria, invocou-a cheia de fé e viu-se atendida. A menina Izaura caiu também doente, mas devido à proteção de Nossa Senhora Aparecida logo sarou depois da promessa feita à mesma por sua mãe. Aí está, como sinal de gratidão, a fotografia de ambos." Na foto, uma menina e um menino vestidos inteiramente de branco, ela com as mãos postas, como se estivesse rezando, e ele segurando um livro aberto, ambos muito sérios.

Abaixo de uma fotografia de três meninas com roupas de anjo, com asinhas e tudo, e de um menino vestido de branco, foi publicado este texto, datado de 18 de agosto de 1938: "Maria L. Gomes Barbosa, residente em Campina Grande, no estado da Paraíba, comunicou-nos o seguinte: a filhinha dela, Maria Teresa, em 1933, quando contava 3 anos de idade, foi atacada de terrível moléstia que teve por consequência a paralisia da espinha dorsal. Cinco médicos declararam a doença como incurável e predisseram que a menina, se escapasse com vida, ficaria louca. Nesta perspectiva desoladora, a aflita mãe recorreu com toda a confiança à Virgem Aparecida, prometendo publicar o milagre e preparar a pequena para a primeira comunhão aos 7 anos, se ela fosse restabelecida. E o que parecia impossível realizou-se, para admiração de todos. Vemos aqui a menina favorecida no dia de sua primeira comunhão, aos 7 anos, ladeada por seu irmão Francisco e duas irmãzinhas vestidas de branco."

Acima da foto de um menino de paletó e calças curtas, o texto informava: "De Nova Granada escrevem-nos que Benjamim Malho viu seu filho gravemente enfermo, sem esperança de salvá-lo. Prometeram enviar o retrato do menino à Mãe Aparecida e em pouco tempo o doente achou-se restabelecido e com boa saúde."

Ao lado da foto de um menino de paletó, camisa branca e calças curtas, vinha esta legenda: "O menino Julio Zaccardi, de Matão, estava preste a morrer. Invocaram a proteção de Nossa Senhora Aparecida e o perigo passou. Julio recuperou a vida e a saúde."

Outro relato: "José R. Berti, de Canela, Rio Grande do Sul, desde os 12 anos sofria do estômago, sem obter cura com remédios. Recorreu com fé à Virgem Aparecida e ficou em breve completamente restabelecido. Em ação de graças, mandou cantar uma missa."

José Rodrigues dos Santos enviou a foto de uma criança de 2 ou 3 anos e esta mensagem: "Vendo meu filho sofrer um grande tumor no intestino e desenganado pelos médicos, recorri a Nossa Senhora Aparecida, e em breve vi o pequeno restabelecido. Por gratidão envio este retrato e velas para o altar da Padroeira do Brasil."

A mãe de Isaura Rocha também pagou sua promessa com a publicação desta graça na *Ecos Marianos*, em outubro de 1940: "Ela estava muito atacada de tuberculose e, conforme atestado dos médicos especialistas, não havia mais cura. Nessa expectativa, supliquei a Nossa Senhora Aparecida que fizesse o milagre de restituir a saúde de minha filha. Minhas preces foram atendidas e Isaura está completamente curada. Por isso envio meus agradecimentos ao Santuário Nacional."

Junto com a fotografia de uma menina de cerca de 3 anos, vinha o texto: "Na fazenda de São Pedro, no município de Colina, a menina Antônia sofria diversas moléstias, tendo de se submeter a curativos dolorosos. Os pais recorreram à Virgem Aparecida e obtiveram sem outra intervenção a cura radical da querida filhinha."

A foto de um garoto com roupa de marinheiro era acompanhada desta explicação: "Silvano A. da Rocha Lemos, de Curitiba, devido a um acidente, ficou gravemente doente. A mãe aflita pediu a Nossa Senhora Aparecida a cura do filhinho e foi atendida."

Rosa Maria e Renato, de Ibiraci, Minas Gerais, escreveram uma carta ao Santuário, atestando que "receberam favores importantes da Boa Mãe Aparecida e deixam aqui seu retrato como expressão de grato reconhecimento". Com a carta, enviaram a fotografia de uma menina, sentada numa cadeira, num quintal, e de um menino um pouco mais velho, de pé, com ar sério.

Da fazenda Paredão, em Cafelândia, estado de São Paulo, escreveu José Marcelino de Deus: "Este retrato que vai junto é o preito de minha gratidão a Nossa Senhora Aparecida. O meu filhinho Epaminondas, de 1 ano de idade, sofria terrível dor de olhos junto com impertinente bronquite. Penalizados diante do pranto do pequeno, resolvemos ir ao médico. Antes, porém, invocamos com confiança a proteção da padroeira do Brasil, Nossa Senhora Aparecida. Após a oração a criança abriu re-

124 / NOSSA SENHORA APARECIDA

pentinamente os olhos, sem a consulta projetada. Em poucos dias viu-se também livre da bronquite. Honra e glória à nossa mãe querida pelo grande milagre operado."

Em dezembro de 1938, Maria C. de Assumpção, de São Paulo, relatou outro fato tido como milagroso: "Estava eu em uma tarde em companhia de minha irmã à janela de minha residência, à rua Ezequiel Freire, no bairro de Santana. Eram 6 horas mais ou menos. Um menino de 3 anos, primogênito de nosso vizinho, brincava distraidamente na calçada. Súbito, na esquina mais próxima, aponta um carro puxado por dois fogosos animais, que na mais desenfreada carreira recolhia-se do trabalho. O menino, que nesse momento se achava recostado à parede, embaixo da janela em que nos achávamos, sem pressentir o perigo precipitou-se bem à frente dos animais. Tomada de pavor pelo iminente desastre que iria presenciar, bradei com muita fé: Nossa Senhora Aparecida! Um grande milagre se operou. O menino tropeçou e caiu. Os animais passaram a uns 20 centímetros de distância de sua cabecinha, e ele bastante apavorado levantou-se chorando, salvo pelo milagre operado pela Excelsa Mãe dos aflitos. Nesse momento, prometi a Nossa Senhora Aparecida publicar esse verdadeiro milagre. Hoje o faço cheia de júbilo e eternamente agradecida pela grande graça alcançada dessa Mãe Poderosa."

Também referentes a graças recebidas por crianças e atribuídas à santa de Aparecida, foi possível recuperar os relatos seguintes, da década de 1930.

De Presidente Prudente escreveu Verissimo Azevedo Caboclo: "Tendo feito promessa de mandar a esse Santuário para a Sala dos Milagres o retratinho do nosso filho Afonso, que logo ao nascer teve uma febre que ia deixando uma das pernas (a assinalada com uma cruz) bastante defeituosa, cumpro agora o meu voto. Fui prontamente socorrido por nossa boa e amantíssima Mãe e Padroeira do nosso caro Brasil, Nossa Senhora Aparecida, que sempre atende aos que a ela recorrem em suas horas de aflição e desespero." O texto era acompanhado da foto de um menino com uma cruz desenhada na perna direita.

"José Stropa, de Dourados, narra que sua filha era tão fraca que não podia ter-se em pé, arrastando-se sempre pelo chão. Parecia mal incurável, porque vinha de nascença. O pai, não encontrando remédio na terra, recorreu com confiança a Nossa Senhora Aparecida. Aos poucos consolidaram-se os pés da menina, cuja fotografia manda em prova de sua gratidão à Auxiliadora dos aflitos." A foto mostra uma menina de pé, sem se apoiar em nada.

João D. Galli, de Ijuí, Rio Grande do Sul, mandou a foto de uma menina com aparência saudável e contou: "Estando minha netinha Ernesta muito doente durante um ano e dois meses sem encontrar resultado algum com os médicos que a tratavam, sendo desenganada pelos mesmos, atirei fora todos os remédios e cheio de fé pedi a Nossa Senhora Aparecida que a curasse. Passados dois dias a pequena começou a melhorar e hoje está completamente curada, tendo em dois meses engordado 4 quilos. Em sinal de gratidão ofereço seu retrato e faço a publicação".

André Cipriani, de Rodeio, estado de Santa Catarina, enviou a foto de uma menina toda arrumadinha, sentada numa cadeira, e escreveu: "Em 23 de dezembro de 1937, estava a pequena Diva Saldanha brincando no pátio da pequena residência, com pedaços de madeira em que havia pregos velhos e tortos. De repente a pequena pôs-se a chorar. A mãe acorreu e procurou indagar a causa, pois que a menina de 18 meses ainda não falava. Não suspeitando que a pequena tivesse engolido coisa alguma, não pensou em levá-la ao médico. Mais tarde, este, não descobrindo o mal, desenganou a menina. Tendo eu lido nos *Ecos Marianos* os milagres operados por Nossa Senhora Aparecida, invoquei com fé extraordinária a proteção de Nossa Senhora. Oh! Milagre! Cinco minutos depois a menina começou a vomitar e saiu-se um medonho prego torto e enferrujado. O próprio médico havia declarado que só um milagre poderia salvar a pequena Diva."

De Siqueira Campos, estado do Paraná, Maria José Azevedo relatou: "Tendo meu filho Bellini Romeu aparado a ponta do dedo médio da mão esquerda numa aplainadeira movida a eletricidade, foi vítima de dolorosa inflamação, declarando o médico que o menino, mesmo que sarasse, ficaria defeituoso. Recorri a Nossa Senhora Aparecida e hoje vejo meu filho completamente são e sem defeito, porque o dedo cresceu, ficando do tamanho natural."

Da fazenda Vassoural, João de Castro Matoso remeteu a fotografia de um menino de roupa branca e boné, acompanhada desta carta: "Um filhinho meu que tem agora 7 anos começou a ter fortes acessos desde a idade de 3 meses. Embora eu seja farmacêutico com prática de vinte anos, procurei alguns médicos afamados, que desenganaram o pequeno. Minha esposa, aflita com a declaração dos médicos, fez um voto a Nossa Senhora Aparecida, de assinar o *Santuário* e mandar celebrar uma missa. Graças ao poder da Virgem Santíssima, o menino sarou e desde a idade de 13 meses nunca mais foi molestado pelos acessos. Mando esta fotografia para a Sala dos Milagres."

Nelson Oliveira, de Jundiaí, também enviou a foto de uma menina e escreveu, em 16 de outubro de 1938: "Estando minha filhinha Nilza Maria a sofrer uma gastroenterite aguda, foi desenganada dos médicos por ser ela de compleição raquítica desde o nascimento. Num momento de desespero imploramos à Santíssima Virgem o seu socorro, e este não se fez esperar. A nossa doentinha, que estava quase à morte sofrendo indizivelmente, de um instante para o outro começou a obter melhora. Isto até foi apreensivo, porque tais melhoras costumam ser prenúncio de agonia. Porém, esta foi duradoura. Hoje a menina está na véspera de seu quarto aniversário, robusta, trazendo nos lábios o santo nome de Nossa Senhora Aparecida, a quem deve a vida."

Laura Nascimento Ferraz, de Itapira, enviou este testemunho: "Vendo meu filho Antônio sofrer horrivelmente do fígado, consultei vários médicos, porém sem resultado. O último receitou um remédio dizendo que, se o mesmo não fizesse efeito, seria necessária a operação. Recorri a Nossa Senhora Aparecida para que esse remédio fizesse proveito, prometendo que publicaria a graça no *Ecos Marianos* com a fotografia do meu filho. Este se acha hoje completamente curado."

Leopoldina Cândida de Jesus relatou: "Minha filhinha de oito meses estava assentada no chão da cozinha, perto da qual se achava uma vaca mansa. Subitamente, sentindo-se esta atacada pelo lado de fora, avançou espantada para o lado da criança. Julgando-a morta, gritei por Nossa Senhora Aparecida e fui tão feliz que a menina nada sofreu. Agradeço a Nossa Senhora Aparecida e mando publicar a graça."

Juntamente com a fotografia de um menino deitado numa cama, Júlia Gonçalves Dias, de Sertanópolis, Paraná, escreveu:

128 / NOSSA SENHORA APARECIDA

"Vendo meu filho José gravemente enfermo e sem esperança de cura, recorri a Nossa Senhora Aparecida e, sendo atendida, envio esse retrato para a Sala dos Milagres."

José Machiavelli, de Passos, Minas Gerais, contou que seu filho foi acometido de forte moléstia dos intestinos. "Os médicos que o tratavam ficaram desanimados e desenganaram o pequeno. Aflito mas cheio de confiança o pai implorou a intervenção da padroeira do Brasil e, em tão boa hora, as dores desapareceram e o menino, para espanto dos médicos, sarou completamente, estando agora com perfeita saúde."

De Jangada, estado do Paraná, escreveu Pedro Tomé Kuksel: "Estando minha sobrinha Glorinha, de 3 anos de idade, muito atacada de crupe e eu, sem recursos, implorei a Nossa Senhora Aparecida e prometi publicar a graça nos *Ecos Marianos*. A pequena já no dia seguinte estava completamente curada."

Em 1940, Gabriel Luiz Orneli, de Monte Azul, São Paulo, contou que seu filho, Lázaro, foi vítima de um acidente e ficou quase esmagado debaixo de um caminhão. Na hora, ele pediu a ajuda de Nossa Senhora Aparecida, para que o livrasse da morte: "Como de fato o menino não sofreu maiores consequências, ficando completamente bom em poucos dias, com satisfação e reconhecimento torno pública essa visível proteção da Mãe Amorosa de Aparecida."

Maria Rossi, de Quatá, São Paulo, sofreu de uma doença que desfigurou seu corpo. Em 1940, seus pais contaram: "Não havia recursos na medicina e imploramos a intercessão da Mãe de Deus, consagrando a doente a Nossa Senhora Aparecida. E eis que em pouco tempo a menina recuperou a saúde. Como prova de gratidão, mandamos seu retrato para a Sala dos Milagres."

Em novembro de 1939, Manuel de Carvalho Portela, de Cachoeira, Rio Grande do Sul, testemunhou: "Cumpro uma promessa que fiz a nossa querida mãe, Nossa Senhora da Conceição Aparecida. Estando minha filha Helena Beatriz, de 2 anos de idade, gravemente enferma e desenganada pelos médicos, na minha aflição recorri à Mãe querida, que, ouvindo os rogos dos pais desesperados, derramou suas bênçãos sobre nós e restituiu a saúde a nossa filha, que se encontrava entre a vida e a morte. Para que se torne conhecido esse grande milagre, peço inserir nas páginas dos *Ecos Marianos* o retrato de minha filhinha."

Outra foto, enviada em dezembro de 1939 por Angelo Ponzoni e Raquel Meneguzzo, de Perdizes, Santa Catarina, mostra uma menina e duas adolescentes, e veio acompanhada desta história: "A fotografia aqui junto é o preito de gratidão para com Nossa Senhora Aparecida, que salvou de uma morte trágica as minhas três filhas Iracilda, Rosalina e Neley. Elas, querendo atravessar a rua, foram apanhadas por um auto que veio a toda velocidade. Iracilda e Neley ficaram debaixo do carro, enquanto Rosalina foi atingida pelo lado, passando as rodas do carro por cima de suas pernas, que, por um verdadeiro milagre, não se quebraram nem sofreram ferimento algum. As duas que ficaram debaixo do automóvel também não sofreram maiores consequências, pois Iracilda, vendo o perigo, gritou: 'Nossa Senhora Aparecida, salvai-nos!'."

Os depoimentos de pais agradecidos não paravam de chegar ao Santuário. Francisco Zago Sacon, de Conquista, Minas Gerais, escreveu em maio de 1940: "Venho com o coração transbordante de alegria agradecer à milagrosa Virgem Aparecida duas graças recebidas. Estava meu filho Francisco Zago Junior

130 / NOSSA SENHORA APARECIDA

em estado de não poder dormir, pois sonhava, conversava sozinho e andava por toda a casa altas horas da noite. E de minha filhinha Ercília Catarina sempre saía pelo corpo grande número de feridas e, tratada por vários médicos, não havia meio de melhorar. Recorri então a nossa excelsa padroeira, prometendo publicar a graça se fosse atendido. Pois dentro de poucos dias meu filho ficou bem e minha filhinha está completamente curada. Vai aqui a prova de minha gratidão."

Teodoro Santos de Godoi, de Mesquita, Minas Gerais, contou: "Sendo minha filha Ana Ângela de Godoi (Naná) vítima de um terrível tumor no rosto, implorei o auxílio de Nossa Senhora Aparecida e fui atendido imediatamente, ficando minha filha livre de tão grave sofrimento. Por promessa, tomo uma assinatura do *Santuário*, em nome de minha filha."

Pai de Mercedes, de 2 anos, Frederico Schmidt, de Santa Teresa, Espírito Santo, contou, em 1940, que a menina era fraca e não andava. Recorreu a Nossa Senhora Aparecida e, em quinze dias, Mercedes começou a andar.

No mesmo ano, Olímpio Garcia, de Altinópolis, São Paulo, contou que seu filho, Eurico Miguel, quando tinha apenas 1 ano de idade, queimou-se da cabeça à cintura. "Apegamos com Nossa Senhora Aparecida, prometendo, se ele sarasse, mandar sua fotografia para colocar nos pés da imagem milagrosa. O menino sarou, sem ficar sinal algum da queimadura."

Este relato chegou ao Santuário em 1942: "O menino Hilton Reinaldo, de Franca, estado de São Paulo, com a idade de 5 anos foi vítima de forte queda, ferindo-se muito na perna direita. Depois de dez dias sobreveio uma septicemia. Passou um mês inteiro com febre de 40 graus, tendo que se sujeitar a quatro operações. Quando já se achava às portas da morte, seus pais aflitíssimos recorreram à padroeira do Brasil, Nossa Senhora Aparecida, pedindo com toda confiança que salvasse a vida do filhinho. Foram prontamente atendidos, pelo que ficaram imensamente gratos."

Leocádia Maranhão, de Conceição do Araguaia, estado do Pará, escreveu: "Reconhecida à excelsa padroeira do Brasil, publico a seguinte graça: sendo meu filhinho José Milhomenes Maranhão acometido de paratifo, já sem esperança nos recursos médicos, implorei a Nossa Senhora Aparecida sua cura e logo se verificou sensível melhora, seguida de restabelecimento completo."

Manuel da Costa Machado, de Itajubi, disse que sua filha Maria Aparecida, de 1 ano e 10 meses, caiu num poço de "55 palmos de profundidade". Ele e a esposa, "aflitíssimos", gritaram por Nossa Senhora Aparecida para pedir a salvação da menina, que foi retirada do poço sem nenhum ferimento.

Cândido Rocha Melo, funcionário do Banco de Comércio e Indústria de São Paulo, relatou: "Maria Regina, nossa filhinha de 17 meses, subiu uma escada de uns vinte degraus em nossa casa, sem que eu e minha mulher nos apercebêssemos. Chegada ao último degrau, ela caiu de costas, rolando a escada toda até o fim. Assim que vi minha querida filhinha caindo escada abaixo, invoquei o nome de Nossa Senhora Aparecida, e eis que a minha pequerrucha chegou ao chão completamente ilesa. Foi um verdadeiro milagre, alcançado por intermédio de Nossa Senhora Aparecida, Rainha do Brasil."

Luiz Amadeu, de Cafelândia, São Paulo, relatou: "Em dezembro de 1943 os meninos Antônio, Elza e Euclides, este último com 3 anos de idade apenas, estavam pescando em um córrego perto de casa. De repente, o Euclides foi arrastado para a água por uma sucuri de 4 metros de comprimento. Antônio gritou, assustado: 'Nossa Senhora Aparecida, valei-nos', e conseguiu agarrar o pequeno pelo braço. A cobra largou a presa. Os três pequenos, assustadíssimos, vieram contar-me o que acontecera. Dei caça à sucuri e matei-a. Mandei tirar o retrato que acompanha esta e peço que seja exposto na Sala dos Milagres para que todos vejam o grande poder de Nossa Senhora Aparecida." A foto enviada por Luiz Amadeu o mostrava ao lado de dois meninos e uma menina, com a enorme cobra sucuri no chão, à frente deles.

E prosseguiam os relatos de pais agradecidos. "Diz o senhor Felipe Andrade, do Rio Grande do Sul, que seu filhinho Rivadávia, de 5 meses, começou a sofrer grave enfermidade da cabeça, chegando a ser desenganado pelo médico. Prometeram então acender algumas velas em honra de Nossa Senhora Aparecida, se a criança sarasse. Daquela hora em diante começou a criança a melhorar, achando-se agora completamente boa."

Otaviano Gebellini, de Rio Preto, contou que seu filho, Arnaldo, ficou paralítico de um lado. "Procuramos remédio com especialistas, mas sem resultado. Feita uma promessa a Nossa Senhora Aparecida, o menino sarou e se acha bem."

Ao lado de uma foto de dois meninos, a *Ecos Marianos* publicou: "Estas duas crianças sofreram de uma moléstia intestinal que parecia incurável. Como último recurso, o pai delas, Adauto de Oliveira, de Mirassol, fez uma promessa à boa Mãe Aparecida e viu em poucos dias restabelecida a saúde de seus filhos."

Outro relato publicado: "O menino Ivo Dallarosa, de Rodeio, que em consequência de um ferimento coxeava há três anos, ficou curado por um milagre de Nossa Senhora Aparecida."

OS ANTIGOS TESTEMUNHOS / 133

A seguir, mais alguns testemunhos que se encontram arquivados no Santuário: "Sebastião Maurício Pereira, tendo a idade de 8 anos, era completamente paralítico, e Terezinha R. Pereira, na idade de 4 meses, foi acometida de terrível moléstia na vista direita, tendo de ser operada, na opinião dos médicos. Os pais, Vitorino R. Pereira e Maria Lima Pereira, reclamaram o socorro de Nossa Senhora Aparecida, o qual não lhes foi negado, pois ambas as crianças ficaram completamente curadas, não sendo necessário operar a vista de Terezinha. Bendita seja Nossa Senhora Aparecida."

"Dante Luiz, filho do senhor João Rossetim Pinto, de Prudentópolis, criança inexperiente, derramou sobre a cabeça um líquido que, imediatamente, lhe atacou os olhos, chegando ao ponto de não enxergar coisa alguma. O médico declarou o menino, que ardia em febre, como perdido. Mas os pais, cheios de fé, invocaram a Virgem Aparecida, e o filhinho, contra toda a esperança, recuperou a vista e a saúde."

"Em sinal de gratidão pelo salvamento de seu filho Araudo, que sofreu horríveis queimaduras pela explosão de um foguete, seus pais, de Sacramento, Minas Gerais, reconhecidos, colocaram aos pés da Mãe Aparecida, a que recorreram, um retrato tirado logo depois do desastre e outro quando já se achava curado."

"Antônio Morais Periardi, de 11 anos, num acidente foi atingido por uma bala que o teria vitimado se não fosse a proteção de Nossa Senhora Aparecida, a quem sua mãe recorreu imediatamente. Sarou completamente sem ser preciso extrair a bala."

"José Maria Vilaça e Emília Marques Vilaça, de São José dos Campos, estado de São Paulo, vendo seu filho único, de 8 anos de idade, atacado de crupe e congestão pulmonar e desenganado pelos médicos, recorreram a Nossa Senhora Aparecida e foram atendidos. O menino sarou perfeitamente e veio em agosto de 1940, acompanhado de seus pais, a esta basílica para agradecer sua cura."

"A menina Iracema de Carvalho, ao ficar órfã de mãe, tinha uma pequena ferida na perna. A ferida foi crescendo continuamente e não havia recursos. Afinal foi internada na Santa Casa de Bebedouro. Mas como a perna estava quase podre, os médicos quiseram amputá-la. Uma caridosa senhora, porém, compadecida da menina, retirou-a do hospital para tratá-la em sua casa. Antes de tudo, apegou-se com Nossa Senhora Aparecida, pedindo a cura da criança. Ora, eis que com alguns remédios caseiros a menina foi melhorando dia a dia até ficar completamente sã. Iracema anda agora sem a mínima dificuldade e, para agradecer pessoalmente à bondosa Mãe Aparecida, em 5 de setembro de 1940 veio ao seu Santuário, acompanhada do senhor Joaquim Farias, esposo de dona Rosa Jacomini, que recebera em sua casa a pobre abandonada e nos relatou a cura milagrosa."

NADA É PEQUENO DEMAIS

Nas cartas enviadas ao Santuário naquela época, não importando a gravidade do problema mencionado, quem foi atendido se sentia de fato abençoado pelo poder de Aparecida. As pessoas davam diferentes definições para o que recebiam: graça, favor, bênção. Mas, invariavelmente, todos se sentiam privilegiados de alguma forma, tocados pela sensação inexplicável que só a fé proporciona.

Por exemplo, para Antônia Barros da Silva, Corumbá, Mato Grosso, não foi pequena a graça que recebeu, por mais comum que pareça: "Estando meu marido desempregado, recorri a Nossa Senhora Aparecida e, tendo merecido a graça, venho por meio destas linhas demonstrar minha gratidão."

O mesmo vale para Lauro Santos Pereira, do Paraná: "Ofereço minha fotografia à Virgem Aparecida, depois de achar-me curado de uma machucadura no joelho, que sofri por muito tempo e da qual sarei depois de uma promessa que fiz à milagrosa Mãe de Deus e dos brasileiros."

E também vale para Luiz Rebouças de Carvalho: "Vendo-me de cama com uma úlcera varicosa da qual sobreveio infecção, e temendo precisar ser operado, recorri a Nossa Senhora Aparecida. Sendo atendido, cumpri o voto que fiz."

E para Jorge Menotti, de Catanduva: "Sofrendo de bronquite crônica durante dois anos, sem encontrar melhoras com receitas médicas, recorri à proteção de Nossa Senhora Aparecida e, sendo curado, vim a essa basílica agradecer o favor recebido e por promessa faço esta publicação."

De Paraisópolis, sul de Minas, Cândido Luiz de Sá Junior mandou uma foto em que aparece com a perna enfaixada: "Estando no trabalho no dia 15 de julho de 1937, fervendo certa quantidade de cera, fui violentamente vitimado por um terrível acidente, pegando fogo em minhas roupas. A chama foi tão forte que chegou a atingir o teto da casa. Recebi gravíssimas queimaduras. Recorri imediatamente a Nossa Senhora Aparecida, que desde pequeno venero com grande confiança, e consegui apagar o fogo, salvando a mim e minha propriedade. As queimaduras sofridas não tiveram as consequências que receei e depois de alguns dias de repouso estive bom para continuar o meu trabalho de sacristão da matriz."

136 / NOSSA SENHORA APARECIDA

Os relatos das primeiras décadas do século XX tratam tanto de acontecimentos dramáticos como de outros aparentemente banais, mas todos tendo em comum o fio condutor da fé em Aparecida. Entre os mais inusitados está o de Caetano Stovari, de Itapira, interior de São Paulo, que enviou uma foto em que aparece bem-vestido de terno e gravata, montado em um cavalo branco, com esta mensagem: "Mando esta fotografia de um cavalo que se achava com manqueira de um pé, não havendo remédio que o curasse. Apenas fiz uma promessa a Nossa Senhora Aparecida e o cavalo melhorou estando hoje completamente bom." Para muitas pessoas, a cura de um cavalo não pode ser atribuída a um milagre, mas Caetano não pensava assim. Ele gastou tempo e dinheiro para contratar um fotógrafo e posar montado em seu cavalo, e gastou também para pagar a publicação da imagem na *Ecos Marianos*, o que, na época, tinha um valor especial.

O mesmo fez uma pessoa que não se identificou e mandou para o Santuário a foto de um homem de terno e gravata-borboleta e este relato: "Antônio Pereira Alves Junior foi descrente, perverso, sempre pensou que este mundo era seu e daqueles que pensavam como ele. Mas o dia chegou, e alguns anos se passaram sem ele ter sossego, não parava em colocação alguma, perdia as boas amizades e foi até chamado à polícia por calúnias. Chegou porém um dia em que se lembrou de Nossa Senhora Aparecida. Nas suas preces de manhã e à noite não cessava de pedir perdão, e o auxílio divino desceu sobre ele, que agora se considera um homem feliz. Está bem colocado e goza de geral estima, graças a Nossa Senhora Aparecida."

Também os militares recorriam a Aparecida. O soldado Altino Pinto, de Barão Ataliba Nogueira, no município de Itapira,

OS ANTIGOS TESTEMUNHOS / 137

São Paulo, enviou uma foto em que aparece de farda, apoiado no joelho esquerdo, segurando um fuzil com a mão direita, para ilustrar o testemunho de que "obteve uma proteção especial da Padroeira e veio agradecer de joelhos tão grande favor".

O sargento Artur Brandão de Barros, da Polícia Militar da Bahia, também mandou uma foto em que aparece fardado e contou: "Em novembro de 1937 fui acometido de grave moléstia do coração, estando já 23 dias de cama sem esperança de salvação. Recorri a Nossa Senhora Aparecida, cuja mediação foi instantânea. Os médicos ficaram admirados porque haviam declarado perdido o caso. Cheio de gratidão para com Nossa Senhora Aparecida, peço a publicação da graça, para afervorar os devotos no amor e na confiança no grande poder de Nossa Senhora Aparecida."

Em abril de 1940, chegou ao Santuário a foto de um homem de farda preta, posando ao lado de outro militar e, entre eles, a imagem de Aparecida, juntamente com este testemunho, assinado por Sebastião Álvaro Pinheiro, de São Paulo: "Declaro que, achando-me enfermo, no dia 4 de setembro de 1938 fui julgado, pelos médicos da Guarda Civil, incapaz para o serviço, por sofrer de tuberculose pulmonar, sendo entregue ao Hospital São Luiz Gonzaga. Desesperado por me ver vítima de uma moléstia incurável, fiz uma promessa à poderosa Padroeira do Brasil, com insistentes pedidos de restituir-me a saúde. E eis que, em pouco tempo, desapareceram os sintomas da insidiosa doença e hoje estou completamente curado, podendo prestar de novo os serviços na Guarda Civil da capital."

De Ribeirão Preto, Paulo Rebouças Nogueira remeteu ao Santuário uma foto em que aparece com um lenço branco cobrindo o olho esquerdo: "Envio a minha fotografia em

138 / NOSSA SENHORA APARECIDA

cumprimento de uma promessa que fiz a nossa bondosa Mãe Aparecida. Há 11 anos fui vítima de um estilhaço que me cravou na vista esquerda, pelo que tive de submeter-me a uma intervenção. Sentindo muitas dores, recorri a Nossa Senhora Aparecida e fui atendido. Ao acordar, verifiquei que estava completamente curado."

Julieta Borges Ribeiro, que aparece em uma foto com roupa de formatura, contou: "Estando em São José dos Campos com minha filha Conceição, recorri a Nossa Senhora Aparecida no dia 4 de dezembro de 1937 para obter a solução de um caso difícil. Como fui atendida, torno público meu reconhecimento."

Francisco Manoel Almeida, de Sertanópolis, no Paraná, também mandou sua foto e agradeceu a Nossa Senhora Aparecida nos seguintes termos: "Eu sofria horrivelmente de um ataque que me acometia quase todos os dias. Estando uma vez sozinho, fui atacado desse horrível mal. Não tendo quem me amparasse, pedi o auxílio de Nossa Senhora Aparecida. Graças ao poder divino da Virgem, fui atendido no mesmo instante e nunca mais sofri de ataques."

Situação semelhante foi relatada por Rosalina Mendes, que mandou uma foto em que aparece sentada numa cadeira, com os olhos vendados por um lenço branco: "Sofrendo da vista, procurei especialistas e depois de um ano de dispendiosos e horríveis curativos, em vez de melhorar, perdi quase toda a visão. Desesperada, abandonei tudo quanto era remédio e implorei a piedade de Nossa Senhora Aparecida; aos poucos fui melhorando e recomecei a trabalhar já há dois anos e meio. Hoje venho agradecer a Nossa Senhora a graça recebida."

Caetano Bassoto, de Uberaba, Minas Gerais, em setembro de 1937 enviou uma fotografia em que aparece com barba cerrada, de pé, apoiando-se em muletas, acompanhada deste relato: "Por muito tempo sofri terrível moléstia e agradeço a Nossa Mãe Aparecida minha cura, enviando essa fotografia e uma oferta à basílica."

Em maio de 1938, da fazenda Santa Lúcia, no município de Chavantes, interior de São Paulo, Assunta Vizzioli remeteu sua foto e relatou: "Estando eu enferma havia seis anos, usando sempre remédios sem melhora, e chegando a ser desenganada pelos médicos, meu pai resolveu pedir auxílio à Virgem Aparecida. Após essa súplica achei-me melhor da minha enfermidade, e mando em gratidão minha fotografia."

Da distante localidade de Periquitos, Nova Mamoré, no estado de Rondônia, em 13 de junho de 1938, Valdevino Cabral escreveu: "Junto vai uma fotografia de minha esposa, Irene Penedo Alves. Sofrendo há meses de uma terrível dor no útero, ela se submeteu a uma operação na vizinha república da Bolívia pelo operador doutor Paulo Schweizer, que a desenganou. Nesse transe aflitivo recorreu a Nossa Senhora Aparecida e hoje se encontra com saúde e bem-disposta."

"Conterrânea" da santinha, nascida ali mesmo em Aparecida, Maria José dos Santos contou: "Achando-se minha irmã muito doente, consultou dois médicos em São José dos Campos e seis médicos na Santa Casa de São Paulo, sem resultado algum, tendo sido preciso internar-se no hospital do Juqueri, onde permaneceu por seis meses e dois dias. Pedi com fé e confiança a Nossa Senhora Aparecida e fui atendida. Obteve ela alta, sendo completamente curada."

Ao lado da foto de uma mulher deitada em uma cama, que impressiona pela carga dramática que se percebe na composição da imagem e na sensação que transmite, está este relato de

140 / NOSSA SENHORA APARECIDA

Júlio Garcia da Costa, de Cambuí, Minas Gerais, enviado ao Santuário em agosto de 1938: "Estando minha esposa gravemente enferma com pleurisia e havendo o médico declarado que, embora ela sarasse, ficaria imprestável, recorri a Nossa Senhora Aparecida. A minha mulher foi muito feliz na operação e continua a prestar à casa relevantes serviços, graças à proteção de Nossa Senhora Aparecida. Na fotografia que envio, vê-se a enferma Francisca Garcia da Rosa e, sentado a seus pés, o seu esposo."

De Encruzilhada, em Santa Catarina, Judite Dallabona relatou em outubro de 1939: "Achando-me gravemente doente, fui internada no Hospital São Roque, em Rodeio, neste estado. Depois de cinco dias de hospital, complicou-se a doença. Fui operada e agravou-se de tal modo o meu estado que o doutor Hernani Senra julgou o caso desesperado. Achando impossível o meu restabelecimento, a não ser por um verdadeiro milagre, aconselhou-me o médico a recorrer a Nossa Senhora Aparecida, e eu o fiz imediatamente, com uma promessa. Hoje, por um grande milagre de Nossa Senhora, acho-me completamente boa."

Na época, muitas das promessas pelas graças recebidas consistiam em visitar Aparecida e mandar publicar o depoimento na revista *Ecos Marianos* ou no jornal *Santuário da Aparecida*, como forma de ajudar a causa dos redentoristas. Foi o que fez Antônio Rosa, de Bação, Minas Gerais, em março de 1940: "Estando meu irmão José Ribeiro Rosa trabalhando com seu carro de boi, ao passar em frente à residência de um primo, foi vítima de um atentado, recebendo um tiro no ventre. A bala atravessou o fígado, varando do outro lado. Vendo-me nessa aflição, gritei por Nossa Senhora Aparecida e prometi enviar uma fotografia de meu irmão para os *Ecos Marianos*. Como ele não sofreu maiores consequências, cumpro minha promessa."

Ercília Nogueira, de Jacareí, São Paulo, foi picada por uma cobra venenosa em dezembro de 1927 e, sem possibilidade de ser atendida por um médico para receber o antídoto, implorou a Nossa Senhora Aparecida que a salvasse. Para demonstrar seu reconhecimento, ela desenhou a si própria, carregando um cesto e sendo atacada pela cobra, para publicação na revista.

Anice Curie, de Timbó, Santa Catarina, remeteu sua fotografia, em fevereiro de 1940, para cumprir a promessa que fez quando estava gravemente doente e teria de se submeter a uma complicada cirurgia. "Resolvi, porém, recorrer a Nossa Senhora Aparecida e fui prontamente atendida. Hoje, cheia de gratidão, envio meu retrato."

Em julho de 1940, o farmacêutico Leopoldo Moreira Maia, de Cristais, Minas Gerais, contou que estava sofrendo de uma úlcera duodenal, que exigia cirurgia. "Sem esperança de me curar sem intervenção cirúrgica, recorri a Nossa Senhora Aparecida e, em poucos meses, achei-me completamente são."

No mesmo ano, Joaquim Ferreira de Aguiar, que morava na rua Frei Caneca, no Rio de Janeiro, relatou: "Quis experimentar uma espingarda. Esta, inesperadamente, descarregou e atingiu minhas pernas. Assustado gritei: Nossa Senhora Aparecida, valei-me! E, cheio de admiração, constatei que o tiro tinha rasgado em farrapos minhas calças, sem causar nenhum ferimento nas pernas."

Entre 1930 e 1940, à medida que a revista e o jornal dos redentoristas alcançavam um número maior de leitores e as tiragens aumentavam, os testemunhos continuaram a chegar ao Santuário em número crescente. Domingos Carabolandi, de Potirendaba, mandou uma foto em que aparece de terno branco e gravata em frente à Basílica Velha e contou que esteve quase cego durante muitos anos, tendo consultado diversos médicos, sem resultado algum. Então, pediu a Nossa Senhora Aparecida que o ajudasse. Como ficou completamente curado, foi a Aparecida pagar a promessa.

Acompanhado da foto de um rapaz apoiado em muletas, com a perna esquerda enfaixada, chegou ao Santuário este relato: "O jovem Antônio Bacelar, residente em Silvestre Ferraz, estava no Seminário de Campanha quando, no dia 18 de maio de 1939, sofreu fratura de uma perna que, por ter sido mal encanada, necessitou de operação. Feita esta, e não havendo esperança de restabelecimento, o médico opinou pela amputação da perna. Antônio fez então uma promessa a Nossa Senhora Aparecida e foi atendido, pois hoje está completamente são. Agradece o grande favor recebido e faz esta publicação, para maior glória de Deus e de Nossa Senhora Aparecida."

De Castelo, Espírito Santo, chegou este testemunho, em 1939: "Teresa Caliman Camatta há quatro anos vinha sofrendo de horríveis dores, sem achar alívio nos remédios. Teve de se submeter a uma operação melindrosa, em que lhe extraíram grandes pedras da bexiga. Como a paciente se achasse debilitada em extremo, recearam por sua vida. Mas Nossa Senhora Aparecida, a quem dirigiu fervorosas súplicas, veio em seu auxílio e hoje dona Teresa, sã e livre dos seus sofrimentos, vem agradecer tão visível proteção."

Rodantino Moreira Maia, de Cristais, Minas Gerais, contou que ao dar um passeio de charrete com seu filho Vicente, de 5 anos, o cavalo se assustou e saiu a galope. "A charrete se despedaçou e eu fui atirado ao chão. O menino ficou preso nos arreios e foi arrastado pela estrada, pelo cavalo enlouquecido. Vendo o iminente perigo de vida, a pobre mãe, que de longe assistiu ao desastre, gritou por Nossa Senhora Aparecida, suplicando a salvação do filhinho. Nesse instante, o menino conseguiu livrar-se do embaraço, sem ter sofrido a mínima lesão."

E houve outros relatos envolvendo animais, como este, dramático, de Adalgisa de Sales Gomes Ferreira, que escreveu uma carta ao bispo de Aparecida para contar o que aconteceu com seu filho: "Em 1º de maio de 1939, em nossa chácara em Cambuquira, Minas Gerais, foi posto pela segunda vez na carrocinha um cavalinho curraleiro. À tarde, nosso filho Paulo, de 7 anos incompletos, subiu na carrocinha e, inadvertidamente, deu com o pé na anca do animal, que, assustado, disparou velozmente, arrastando a carrocinha com o menino caído dentro, em direção à porteira do pasto e sem meio de ser contido em sua fuga, com grave perigo de vida para o Paulinho. Invocada, porém, naquele aflitivo momento a santa Mãe Aparecida pela signatária deste e pelos empregados, o cavalinho passou com a carrocinha rente de uma tora de eucalipto, batendo com a cabeça no coice da porteira e caiu morto instantaneamente. Nada aconteceu ao nosso filhinho".

Celso Ferreira, de Pouso Alegre, Minas Gerais, registrou em agosto de 1938 que teve a infelicidade de cair ao chão e ser atropelado por um carro de boi que passou por cima de suas pernas: "Na hora só me lembrei de invocar a intercessão da Virgem Aparecida, e eis que pude me levantar sem notar nenhum ferimento no corpo."

Um carro de boi igualmente faz parte da história contada por Antônio Higino da Costa, de Lavras, Minas Gerais. Ele disse que, em agosto de 1936, conduzia o carro, carregado com

144 / NOSSA SENHORA APARECIDA

uma tonelada de madeira, quando caiu ao chão e as rodas passaram por cima de suas pernas. "Meus companheiros, assustados, exclamaram: 'Acuda, Nossa Senhora Aparecida', e correram para me socorrer. E qual não foi a admiração deles quando saí de baixo do carro sem a mínima lesão nas pernas por onde passou a enorme roda." Com o relato, Antônio Higino enviou uma foto dele ao lado do carro de boi, para ser exposta na Sala dos Milagres de Aparecida.

Anexada a uma foto de três homens à frente e cinco moças atrás, todos sérios e bem-vestidos, chegou esta mensagem singela de Bela Vista, Goiás: "Nós, irmãos Rossi, órfãos de pai e mãe, viemos aqui, por meio desta, render à nossa Mãe, Imaculada Conceição Aparecida, as imensas graças que temos dela recebido, acentuando a graça de vivermos em perfeita harmonia, sempre unidos com muito amor, pedindo a nossa boa Mãe que nunca nos desampare."

E assim se sucediam as mensagens quase cem anos atrás, a maioria com relatos de favores e, algumas poucas, como a da família Rossi, apenas agradecendo a beleza simples de poder viver em harmonia. Em cada uma se percebe uma sincera devoção, a crença absoluta no poder da santinha de Aparecida e em sua infinita capacidade de olhar para cada um de seus devotos. Às vezes, um testemunho curto e simples concentrava em poucas palavras o que poderia ser um milagre autêntico, espantoso, caso alguém tivesse se preocupado em documentar de maneira científica o que realmente ocorreu.

Como este: "Cândida Benta da Silva, de Cambuí, Minas Gerais, cega havia 15 anos, uma vez, na hora do almoço, viu-se só. Esperou mais algum tempo os sobrinhos que nessa hora costumavam chegar, porém debalde. Saiu para o terreiro da casa às apalpadelas. Topando com uma pedra, ajoelhou-se e pediu a Nossa Senhora Aparecida que lhe restituísse a vista. Foi tão feliz que já à tarde pôde entregar-se aos seus trabalhos domésticos. Isso se deu a 13 de setembro de 1935 às 11 horas da manhã." Com o relato, veio a fotografia dramática de uma mulher idosa, de mãos postas em oração, ajoelhada ao ar livre ao lado de uma pedra, olhando fixamente para a câmera. Cândida realmente recuperou a visão, milagrosamente? É impossível afirmar, assim como não é possível negar. Lá estavam o testemunho e a foto.

Na primeira metade do século XX a devoção à santinha se acentuou, particularmente em 1930, ano em que Nossa Senhora Aparecida foi proclamada Padroeira Principal do Brasil por decreto papal. Em 1945, a *Ecos Marianos* se referiu ao fato ocorrido uma década e meia antes neste texto publicado em um suplemento editado especialmente para destacar alguns acontecimentos do ano anterior, de intensa efervescência política: "Quando o Santo Padre Pio XI proclamou Nossa Aparecida Padroeira do Brasil, declarou ser sua vontade que aumente cada vez mais, no Brasil, a devoção a Nossa Senhora. Eis suas palavras: 'Constituímos e declaramos a Beatíssima Virgem Maria, concebida sem mancha, sob o título de Aparecida Padroeira Principal de todo o Brasil, diante de Deus, para promover o bem espiritual dos fiéis no Brasil e para aumentar cada vez mais a sua devoção à Imaculada Mãe de Deus.' É fácil observar que a devoção a Nossa Senhora da Conceição Aparecida está crescendo em todo o Brasil. Em todas as catedrais e em muitíssimas matrizes e capelas celebra-se a festa da padroeira com grande solenidade, com tríduos ou mesmo novenas, com comunhão geral e procissão. Conforme as notícias que tivemos, em toda parte a festa de Nossa Senhora Aparecida foi celebrada com grande concorrência. A festa é, entretanto, apenas uma manifestação pública que os católicos têm a Nossa Senhora e que eles praticam constantemente por suas orações diárias e por suas visitas frequentes a suas igrejas ou imagens. Todos os devotos de Nossa Senhora Aparecida procuram ter em casa a sua imagem e a ela recorrem e fazem as suas preces. Muitas igrejas e capelas, graças aos esforços de pessoas devotas e especialmente dos vigários, entronizam no altar uma cópia fiel da imagem milagrosa. Nos primeiros oito meses do ano de 1944, foram enviadas a Aparecida 76 imagens — cópias fiéis de Nossa Senhora Aparecida —, destinadas a quase todos os estados do Brasil."

De fato, as imagens da santinha cumpriram uma agenda intensa em 1944, ano destacado naquela edição especial da *Ecos Marianos*. Na época só se falava na Segunda Guerra Mundial e, depois de algumas incertezas e hesitações do governo de Getúlio Vargas, o Brasil havia declarado seu apoio aos Aliados contra as forças da Alemanha, do Japão e da Itália. Em 1944, aproximadamente 25 mil militares da Força Expedicionária Brasileira foram enviados à Europa e, em pleno conflito, Aparecida ganhava um espaço cada vez maior, talvez porque a possibilidade real da morte de jovens soldados tornasse mais urgente o apelo espiritual. Cada cidade queria ter sua própria capela ou igreja dedicada à santa, e para isso requeriam a visita da "réplica exata" da imagem, em cerimônias que reuniam multidões.

Em 7 de setembro de 1944, dia da Independência, o civismo e o clima de guerra se combinaram com a fé para resultar em uma grande homenagem a Aparecida nos festejos ocorridos na capital de São Paulo. Chovia muito, mas mesmo assim as pessoas compareceram em peso à romaria que levou a imagem da santa de sua paróquia, na várzea do Ipiranga, zona sul da capital, até a praça da Sé, no centro. As homenagens, segundo a *Ecos Marianos*, mobilizaram 50 mil paulistanos, "embora o tempo não estivesse de molde a favorecer manifestações na praça pública". E o texto acrescentou: "Tudo isso serve para demonstrar o grau intenso e cada vez mais amplificado atingido pela devoção do povo a Nossa Senhora Aparecida. Para resumir as homenagens na sua exata expressão, só mesmo a frase com que o saudoso arcebispo dom José Gaspar — aliás, o iniciador desses movimentos — as definia do alto daquelas mesmas escadarias da catedral nova: 'Como o povo de São Paulo quer bem a Nossa Senhora Aparecida!' E de fato."

Ainda em setembro de 1944, os capelães militares do 11º Regimento de Infantaria manifestaram o desejo de que as forças expedicionárias que lutavam na guerra tivessem uma imagem de Nossa Senhora Aparecida "que os proteja e os acompanhe" nas trincheiras da Europa. O vigário da Basílica de Aparecida satisfez rapidamente o pedido, enviou as imagens e recebeu este telegrama do comandante das tropas, general Delmiro Andrade: "Vossa Reverendíssima não pode imaginar a satisfação que reinou no coração de todos e, ainda mais, o entusiasmo quando no dia 7 de setembro celebramos a santa missa aos pés da Virgem Aparecida, a quem consagramos todo o nosso regimento."

148 / NOSSA SENHORA APARECIDA

A *Ecos Marianos*, na mesma edição, publicou a foto de um militar fardado, com este texto: "Guido Favorito, de Chapecó, Santa Catarina, soldado da FEB, antes de partir para o campo de guerra, enviou seu retrato à Basílica Nacional, com a seguinte dedicatória: 'Na mais ardente fé em Deus e em Nossa Senhora Aparecida, ofereço todos os meus sacrifícios feitos pela pátria e coloco-me debaixo da proteção de nossa padroeira.'"

A Segunda Guerra Mundial concentrava as atenções, e os soldados brasileiros lutavam, principalmente, na Itália. Mas, enquanto isso, longe do conflito, multiplicavam-se os casos de milagres concedidos pela intercessão de Nossa Senhora Aparecida, aqui mesmo no Brasil. A ponto de ser necessário um alerta dos padres do Santuário, publicado no início de 1945: "Na impossibilidade de publicarmos todas as graças e retratos enviados, limitamo-nos a alguns apenas, prevenindo nossos leitores que, uma vez que é impossível atender a todos os pedidos, futuramente já não publicaremos retratos de 'milagres' [vejam o cuidado manifestado pelas aspas em 'milagres']." O texto prossegue assim: "Que todas as fotografias sejam encaminhadas à Sala dos Milagres e as relações de graças sejam enviadas ao jornal *Santuário da Aparecida*, que as publicará na seção 'Nossa Senhora Aparecida protege seus devotos'. Entre elas serão escolhidas as mais importantes e publicadas também nos *Ecos Marianos*, mas sem compromisso algum por parte da Redação. Não se façam, pois, promessas de mandar publicar retratos ou 'milagres' nos *Ecos Marianos*, mas prometam-se outras obras pias em louvor de Nossa Senhora Aparecida, como assinar o órgão oficial *Santuário da Aparecida* (Cr$ 10,00 por ano) e propagar o almanaque

Ecos Marianos. Declaramos que no tocante aos relatos de graças recebidas, nos abstemos de qualquer juízo, e que à palavra 'milagre' e semelhantes não queremos atribuir outro sentido que não o vulgar."

O PODER DA COMUNICAÇÃO

Mas, mesmo com as ressalvas e a cautela dos padres redentoristas, os testemunhos se tornavam públicos em ritmo cada vez mais veloz. O teor dos relatos comprovava que o esforço em divulgar os favores da santinha obtinha sucesso absoluto. Seja no jornal *Santuário da Aparecida*, seja na revista *Ecos Marianos*, cada relato divulgado representava um estímulo a mais para que os devotos decidissem tornar pública a maravilha de também se sentirem tocados pela graça. Ocorria uma espécie de efeito cascata, capaz de multiplicar a cada década o número de cartas enviadas ao Santuário, sempre com a esperança de que fossem expostas na Sala dos Milagres.

Foi o que aconteceu, por exemplo, com José T. do Monte e Silva, de São Benedito, estado do Ceará, que enviou este testemunho: "No fim do ano passado, quando minha mulher Adília Monte e Silva e minha filha Lusanira do Monte Furtado se achavam vítimas de doenças perigosíssimas, ao sair eu de uma farmácia um menino entregou-me um embrulho que verifiquei serem os *Ecos Marianos* da Basílica Nacional de Nossa Senhora Aparecida. Folheando maquinalmente a revista, deparei com a seção dos milagres. Lembrei-me então de recorrer à Virgem Aparecida. E ela me ouviu. Os meus parentes melhoraram

150 / NOSSA SENHORA APARECIDA

sensivelmente e poucos dias depois estavam completamente restabelecidos. Por intermédio de Nossa Senhora Aparecida, a alegria entrou novamente no meu lar. Tenho assim a insigne honra de confessar publicamente esse fato que demonstra a grandeza do poder da Virgem Aparecida em socorrer aos que a ela recorrem."

Luiz Pracentini, de Piracicaba, São Paulo, contou episódio ocorrido em circunstâncias semelhantes, relacionado à revista dos redentoristas: "Há diversos meses fiquei tão surdo que quase não ouvia o apito de um vapor a 100 metros de distância. Já me tinha acostumado. Quando estava sozinho não me incomodava, porque não doía, mas quando devia conversar sentia eu a minha infelicidade. Nesse tempo, chegando-me às mãos os *Ecos Marianos*, e vendo ali registradas tantas graças, pensei em aproveitar eu também o poder da minha querida mãe. Invoquei-a e não tardei a ser atendido. O meu ouvido voltou ao estado normal. Glória seja dada à Senhora Aparecida."

De Cisneiros, Minas Gerais, Sebastião Maximiano Tavares escreveu ao Santuário para contar que sofria havia mais de vinte anos de uma cólica do estômago, sem alívio, embora recorresse a vários médicos e usasse toda sorte de remédios: "Desenganado da ciência humana, recorreu a Nossa Senhora Aparecida e foi atendido. Na mesma ocasião, o seu filhinho foi atacado de terrível tosse. O pai fez uma prece a Nossa Senhora e teve a felicidade de ver o filhinho em breve restabelecido. Por promessa, tornou-se assinante vitalício do *Santuário*."

Em 1949, foi publicado este relato: "Hilda Simões, de Barretos, São Paulo, foi sempre devota de Nossa Senhora Aparecida. Aconteceu-lhe perder completamente a fala. Em seu desespero, recorreu à padroeira, conseguindo em pouco tempo readquirir o perfeito estado de saúde. Em sinal de gratidão com Nossa Senhora, tornou-se assinante e propagandista do jornal *Santuário*."

De Curitiba, Paraná, escreveu Maria Olímpia C. de Carvalho: "Agradeço a Nossa Senhora Aparecida a grande graça de ter ficado boa de um incômodo que muito me afligia. Por dois anos estive doente de uma moléstia que os médicos desconheciam. Lendo o *Santuário* e vendo os milagres dessa boa mãe, fiz promessa de assinar esse jornal, se ficasse boa. No mesmo instante me senti melhor e curada. Além disso, tenho sido socorrida por Nossa Senhora Aparecida em várias outras necessidades e aflições."

"Em cumprimento de promessa, faço por meio dos *Ecos Marianos* a publicação da graça especial que Nossa Senhora Aparecida me concedeu, salvando minha filhinha Maria do Bom Conselho quando esteve gravemente doente e não havia mais esperança de cura. A mais profunda gratidão à excelsa padroeira, que a ninguém desampara", testemunhou Maria Rosa Modesto.

A seguir, estão relatos de graças recebidas na década de 1940, atualmente arquivados no Centro de Documentação e Memória do Santuário de Aparecida. Foi mantido o estilo de texto da época, para que se destaque a linguagem que as pessoas utilizavam para se comunicar. E percebe-se com clareza, em alguns dos episódios, como a medicina havia evoluído pouco em relação aos recursos atuais. É preciso lembrar que, na primeira metade do século XX, ainda não existiam, por exem-

152 / NOSSA SENHORA APARECIDA

plo, antibióticos nem equipamentos para exames laboratoriais mais minuciosos, assim como não havia a maioria dos remédios disponíveis hoje. Uma doença como crupe, atualmente chamada de difteria e de fácil cura, podia ser fatal, assim como a tuberculose. Isso é importante para que se tenha a dimensão exata da força dos depoimentos e se compreenda a razão pela qual alguns desses episódios foram elevados à categoria de milagres, às vezes pelos próprios médicos.

"Sibila Reitz, de Ibirama, Santa Catarina, sofria de um tumor maligno no braço. Não encontrando nenhum remédio eficaz contra esse mal, recorreu a Nossa Senhora Aparecida e logo o terrível tumor desapareceu."

"Maria José de Azevedo Vilela, residente em São Gonçalo do Sapucaí, teve um eczema na perna que assumiu tal gravidade que os médicos acharam necessário amputar o membro. Diante disso, a doente recorreu com fé a Nossa Senhora Aparecida e ficou livre do mal."

"Eu, Cesira Depieri, de Dois Córregos, estado de São Paulo, comunico o seguinte: durante muito tempo vivi sofrendo de muitas moléstias. Consultei numerosos médicos e, por fim, dois especialistas em São Paulo, no Sanatório Esperança, mas sem resultado algum. Entretanto, meu estado ia se agravando cada vez mais. Quando me parecia que tudo estava perdido, lembrei-me da mãe dos aflitos, Nossa Senhora Aparecida, e a ela recorri com uma novena. Obtive a cura desejada, achando-me completamente curada."

"Elisa Spirandelli, de Itapuí, estado de São Paulo, gravemente doente, teve de sujeitar-se a imediata operação. Feita essa, os médicos desesperaram do caso. O marido, o filho e mais parentes que ali estavam fizeram então promessa de mandar dizer uma missa em honra de Nossa Senhora Aparecida, caso dona Elisa se restabelecesse. E a padroeira do Brasil não deixou de ouvir essa prece confiante, alcançando a cura desejada."

"Ana Rangel de Miranda, da cidade de Serra, estado do Espírito Santo, era tuberculosa em grau adiantado. Invocou Nossa Senhora Aparecida e graças à intercessão dessa boa mãe ela obteve a cura radical, estando hoje forte e já tendo tido depois disso cinco filhos, todos fortes."

"Antônio Barbosa de Andrade, de Ibiraci, São Paulo, ao atravessar uma restinga foi picado por uma cobra venenosa. Não havendo no momento injeção antiofídica, o pobre rapaz suplicou a Nossa Mãe Aparecida que lhe salvasse a vida, e de fato não sofreu maior dano."

"Sujeitando-se Josefina Dal Rai, de Canela, Rio Grande do Sul, a uma operação no estômago, os médicos constataram câncer e fecharam de novo a incisão, concedendo à paciente, no máximo, três meses de vida. Esta apegou-se então à Virgem Aparecida e recuperou a saúde. Já se passaram dois anos e dona Josefina se sente perfeitamente bem."

"Jacinto Busarello, de Ribeirão Grande, Santa Catarina, em janeiro de 1944 feriu o braço, o que o obrigou a internar-se num hospital durante cinco meses. Sobreveio a gangrena, de modo que a morte estava iminente. O moribundo fez então uma promessa a Nossa Senhora Aparecida e suportou uma operação perigosa, que lhe salvou a vida."

"Maria José Pinheiro Weingaertner, de São Paulo, sofria durante anos de uma doença misteriosa e não encontrava remédio que lhe restituísse a saúde. Recorreu com fé à Virgem Aparecida e encontra-se desde então com ótima saúde."

"Ana Pavoni, de Porto Alegre, Rio Grande do Sul, escreve: 'Venho manifestar meu sincero agradecimento a Nossa Senhora Aparecida pela graça que obtive invocando seu santo nome. Vejo agora meu pai Armin Schwarz com bastante saúde, depois de ser desenganado duas vezes devido a uma úlcera entre o estômago e o fígado. Em desespero, embora longe, recorri à proteção de Nossa Senhora Aparecida, que nunca falha. Fui atendida em minha fé. Vejo meu pai radicalmente curado, podendo trabalhar como antes na cidade de Santa Maria, onde reside.'"

"Manoel A. Oliveira, de Jundiaí, São Paulo, trabalhando numa máquina viu presa sua mão esquerda. Gritou por Nossa Senhora Aparecida e a máquina parou instantaneamente. Pôde retirar a mão e, embora machucada, não foi preciso amputar os dedos."

"Jovelino Rodrigues, atacado de violenta infecção de febre tifoide, guardando o leito por muitos meses no hospital de Andrelândia, Minas Gerais, ficou em estado de extrema gravidade, entre a vida e a morte, rodeado por quatro médicos. Aflito, lembrou-se de pedir a Nossa Senhora Aparecida que o aliviasse de tão cruel sofrimento. Desse momento em diante foi melhorando gradativamente até ficar completamente bom. Ajoelhado hoje aos pés da misericordiosa mãe de Deus, agradece-lhe o grande benefício de que de suas mãos recebeu."

"Joaquim Tavares, de Rio Preto, estado de São Paulo, declara que estando atacado de perigosa doença recorreu a Nossa Senhora Aparecida e foi prontamente atendido. Agradece a Nossa Senhora e, em cumprimento de promessa, envia a sua fotografia à Sala dos Milagres."

"João Gabriel Garcia, funcionário da Companhia Mogiana, em 28 de maio de 1939 visitou o Santuário de Aparecida para

OS ANTIGOS TESTEMUNHOS / 155

agradecer o milagre de ter, num formidável desastre ocorrido em 30 de maio de 1938, escapado à morte. Perdeu as duas pernas, mas mediante um aparelho bem ajustado consegue movimentar-se sem muita dificuldade, como mostram as fotografias ao lado." Numa das fotos João está de gravata, sentado numa cadeira, com as próteses nas mãos, e na outra está de pé, de terno e chapéu, só com o apoio de uma bengala, na frente da Basílica Velha.

"De Santos, escreve dona Alayde Torres: 'Estando um senhor de mais de 60 anos com apendicite supurada e necessitando de uma imediata operação, temia o médico assistente um desenlace fatal, pelas condições do paciente. Feita a operação sobrevieram uma pielite e uma broncopneumonia. Esgotados todos os recursos, o médico, que não tem nenhuma noção de fé, pediu-me que recorresse a meu Deus para salvar o doente, pois a carreira dele estava em jogo. Imediatamente recorri à mantenedora da saúde dos enfermos, Nossa Senhora Aparecida, e fui atendida. O doente está são e salvo.'"

"João Vieira dos Santos, de São José dos Toledos, estado de Minas Gerais, veio à basílica agradecer um grande favor obtido de Nossa Senhora Aparecida. Há meses fora atingido por uma bala acidental que lhe penetrou no canto do olho direito, atravessando o crânio e arrancando três pedaços de osso acima da nuca. Na hora lembrou-se de Nossa Senhora Aparecida, invocou sua proteção e hoje está completamente são. Na fotografia que enviou veem-se um pedaço de osso do crânio e a bala que atravessou a cabeça."

"De Itapira, estado de São Paulo, escreve Laura Nascimento: 'Achando-se meu filho Antenor ausente, recebi aviso de que

156 / NOSSA SENHORA APARECIDA

estava passando muito mal com forte febre, e eu não podia ir vê-lo. Cheia de fervor, recorri à proteção da boa Mãe Apareci-da. Graças a ela, meu filho restabeleceu-se depressa. Aqui vai a sua fotografia em sinal de gratidão.'"

Geraldina Pinto, em março de 1939, estava mal de saúde, internada em um hospital de São Paulo: "Vendo que provavel-mente não se levantaria mais da cama, implorou com toda fé e confiança à Virgem Aparecida, a quem sempre invocava nos transes difíceis da vida. E eis que a doente, com espanto dos médicos, repentinamente melhorou e, em poucos dias, resta-belecida, pôde deixar a Santa Casa."

"De Sucupira Torta, em Junqueiro, estado de Alagoas, es-creveu dona Maria Delfina: 'Achando-me doente de um pé, passei meses sem nada poder fazer. Pedi à Virgem Aparecida que me curasse, prometendo mandar celebrar uma missa em sua honra. Fui tão feliz que em poucos dias me achei restabelecida.'"

"Escrevem-nos de São Paulo uma carta que publicamos na íntegra, sem declinação de nome. É original e mostra grande amor e confiança em Nossa Senhora Aparecida: 'Achando-me com os meus filhos atacados de uma tosse epidêmica, resolvi fazer uma viagem à Itália, recomendada por um médico. Após seis dias de mar, os maiores melhoraram, mas os dois menores morreram. Fiz o resto da viagem chorando dia e noite. Che-gando à Itália, o meu maior consolo era ir à igreja todos os dias, durante o mês de maio. Rezando com muito fervor estava eu a 30 deste mês sentada na cama. Da parede do quarto vi descer Nossa Senhora Aparecida, que me disse: 'Por que cho-ras, Maria?' E eu respondi: choro os meus filhos que morreram

OS ANTIGOS TESTEMUNHOS / 157

no mar. Nossa Senhora mandou-me rezar mais um pouco, que eles viriam abraçar-me. Noutro dia vi-os vir a mim e, depois de me abraçarem, disseram-me adeus e desapareceram. Fiquei consolada e nunca mais derramei uma lágrima.'"

Narciso, de Tijuca, Santa Catarina, relatou: "Minha sobrinha sofreu durante muito tempo fortes convulsões que a pareciam levar à beira do túmulo. Depois de recorrer aos médicos e empregar em vão vários remédios, lembrei-me de Nossa Senhora Aparecida, que logo atendeu minha súplica. Mando seu retrato para a Sala dos Milagres do Santuário Nacional."

Silvia Domingos, de Serra Azul, estado de São Paulo, contou: "Sofrendo há dois anos de moléstia horrível, consultei os médicos mais afamados da redondeza. Examinada a raio X, quase desenganada pelos médicos, tive de me submeter a três operações, contando já todos com a minha morte. Quis assistir à missa e receber, pela última vez, a santa comunhão. Como filha de Maria, estava preparada para a última hora. Nessa cerimônia sagrada, todos rezaram por mim a Nossa Senhora Aparecida, para que eu fosse feliz na tragédia cirúrgica. Hoje sinto-me forte e sadia como outrora, e com imensa satisfação agradeço à mãe extremosa, a Imaculada Conceição Aparecida.'"

Em janeiro de 1940, o professor Floriano de Castro, de Minas Gerais, contou que se achava muito mal da vista e, durante seis anos, fez uso de muitos remédios, sem obter melhora: "Nessa aflição, uma sua irmã lembrou-se de fazer uma promessa a Nossa Senhora Aparecida, e a graça da cura foi alcançada."

Em novembro de 1940, a *Ecos Marianos* publicou este episódio: "Palmeirindo de Carvalho Mateus, residente em Remédios, estado de Minas, escreve que, em consequência da febre amarela, ficou sofrendo do fígado. Oito meses depois foi mor-

158 / NOSSA SENHORA APARECIDA

dido por uma cobra e, quando estava melhorando, teve varicela. Durante um ano e cinco meses, esteve em tratamento diário, com pouca melhora. Só quando recorreu a Nossa Senhora Aparecida melhorou sensivelmente e hoje, quase completamente curado, envia seus agradecimentos."

No mesmo ano, foi publicada esta graça: "Dona Margarida Torres Assunção, depois de se submeter a duas difíceis operações, passou muito mal. Já lhe tinham administrado os últimos sacramentos, quando pessoas da família recorreram à Mãe Aparecida. A doente, já às portas da morte, recuperou de novo a saúde e deposita aos pés da imagem milagrosa seu profundo agradecimento."

É também de 1940 este relato: "Otília Penteado Guzzi, residente em Siqueira Campos, Paraná, sofreu durante três anos de uma moléstia grave, sendo desenganada pelos médicos. Pediu então com fervor a Nossa Senhora Aparecida que a curasse. Sua confiança foi recompensada. Restabeleceu-se completamente e pôde fazer a longa viagem até Aparecida para agradecer pessoalmente a sua protetora a cura milagrosa e cumprir suas promessas."

Por fim, entre os testemunhos antigos, merece registro o relato de um homem não identificado, enviado em 1939: "Achando-me em situação difícil de resolver, cheio de fé e confiança na infinita misericórdia de Maria, escrevi-lhe pedindo auxílio para sair daquela situação. Aqui continuei a fazer-lhe igual pedido, embora impacientando-me por não ver realizado o que havia lhe suplicado com a rapidez que desejava. Porém, nunca perdia a esperança no seu poder e misericórdia, e ao fim de quatro meses fui atendido. O que desejava foi realizado em virtude de sua interferência. Encontro-me ainda confundido com a proteção que ela me dispensou. Reconheço que não sou capaz

OS ANTIGOS TESTEMUNHOS / 159

de lhe agradecer na altura do que recebi. Por isso, Virgem Santíssima, peço-vos me ensineis a agradecer-vos, não a graça que me concedestes, mas o milagre que fizestes. Sim, mãe querida, só o milagre poderia remover os obstáculos que se encontravam no meu caminho. Por isso expresso minha gratidão."

10

As graças do século XXI

Nas décadas do século XX que se seguiram a esses relatos mais antigos, os testemunhos de graças alcançadas se multiplicaram a cada ano. Por promessa ou simplesmente pelo desejo de contar o que haviam recebido de Nossa Senhora Aparecida, as pessoas se dispunham cada vez mais a enviar cartas ao Santuário. No início, os padres redentoristas ainda tentaram arquivar o material recebido, mas logo essa tarefa se tornou impossível. Não havia arquivos suficientes nem maneira de organizar tantas mensagens, tanto papel. Uma pequena parte das cartas recebidas foi publicada na *Ecos Marianos* e no *Santuário da Aparecida*, mas, por absoluta falta de espaço na revista e no jornal, um volume imensamente maior acabou se perdendo, numa época em que não existiam computadores nem arquivos digitais.

Fora do Santuário, no entanto, em outras publicações, continuavam a circular notícias referentes a milagres de Aparecida, como esta de 1984: "Um dia encontrei no recinto da basílica a doméstica Iracema T. P., residente em São Paulo, que, de joelhos,

162 / NOSSA SENHORA APARECIDA

se dirigia para o altar da imagem. Quase chorando, mas feliz, ela nos relatou: 'Minha mãe sofreu trombose cerebral e ficou por mais de quinze dias em estado de coma. Na aflição, pedi a Nossa Senhora que ajudasse minha mãe a sarar e prometi que, se fosse atendida, entraria de joelhos desde a entrada da igreja até o altar. Minha mãe recuperou a saúde e hoje vim cumprir minha promessa. Sinto-me feliz e cheia de fé e vontade de viver.'"

Mas, fora um ou outro relato esparso, ao longo de todo o século XX o jornal *Santuário da Aparecida* e, em maior escala, a revista *Ecos Marianos* foram praticamente os únicos meios de divulgação e registro dos testemunhos enviados pelos devotos de Aparecida, além da pequena parcela que era selecionada para exibição no acervo da Sala dos Milagres. Porém, a *Ecos Marianos* acabou se tornando uma publicação anual, que aos poucos assumiu um modelo editorial de almanaque, sem condições de publicar relatos de graças. O papel de meio de comunicação mais efetivo passou então, na virada do século XX para o XXI, à *Revista de Aparecida*, criada em 2002, com periodicidade mensal. A publicação foi mais uma demonstração da importância que os padres redentoristas sempre deram à comunicação com os fiéis e do acerto dessa estratégia. Isso já havia ficado claro desde que os pioneiros alemães criaram uma gráfica apenas seis anos depois de chegar ao Brasil, em 1894. Após pouco mais de um século, a *Revista de Aparecida* surgiu para consolidar essa tradição, e hoje atinge tiragens que se aproximam de 1 milhão de exemplares, o que a torna uma das maiores publicações do país. É uma tiragem impressionante, sob qualquer análise, e não é possível encontrar a revista nas bancas, pois a distribuição ocorre principalmente pelo correio, para os assinantes regulares.

Não por acaso, uma das seções mais lidas da *Revista de Aparecida*, desde o lançamento, é "Histórias de fé", uma ou duas páginas a cada mês, com o resumo das cartas em que os devotos relatam as graças recebidas, mais ou menos no mesmo padrão que se observava nas coleções antigas da *Ecos Marianos*, embora com um volume bem menor de fotografias e nenhum desenho. Segundo o reitor do Santuário, padre João Batista de Almeida, é simplesmente impossível saber com exatidão quantas cartas com testemunhos chegam todos os meses à *Revista de Aparecida*: "São milhares, tanto que existe uma equipe dedicada exclusivamente ao trabalho de ler tudo o que chega e selecionar o que deve ser publicado." Nessa seleção, explica o padre, não há nenhum julgamento a respeito da veracidade do milagre. Se o fiel tem certeza de que recebeu uma graça, o Santuário de Aparecida e os padres redentoristas não contestam nem assinam embaixo. O julgamento é de cada um.

Vale lembrar que nos testemunhos que se seguem, qualquer que seja a origem, os nomes das pessoas envolvidas foram alterados ou reduzidos, por respeito à privacidade.

Logo na edição de lançamento da *Revista de Aparecida*, em junho de 2002, foi publicado o primeiro relato, de Ana J., de São José do Rio Preto, São Paulo. Ela contou que havia muito tempo era devota de Nossa Senhora Aparecida e alcançou muitas graças, entre as quais a cura da filha, que tinha bronquite asmática, num episódio que ela explica assim: "O mais incrível é que foi justamente no dia 12 de outubro, ocasião em que eu, meu marido, meu filho, minha mãe e minha filha, a qual foi curada pela graça de nossa Mãe do céu, estávamos na missa. Minha filha teve uma forte tosse e começou a crise dentro da igreja. Minha mãe disse: 'Fique aqui e eu a levo para esperar no carro.' Continuei na missa, rezando e falando com Nossa Senhora Aparecida, sem entender por que minha filha estava em crise, pois eu sempre pedi e confiei nela. Terminada a missa, saí da igreja. Minha mãe e minha filha estavam ali por perto. Era a hora da queima de fogos. Ali mesmo, chorei muito, pois minha emoção era grande. Naquele momento sagrado, chorava e pedia pela cura da minha filha. Fomos para casa assim que terminou a cerimônia, e qual não foi minha surpresa quando verifiquei que a minha filha estava boa. Nunca mais ela teve uma crise de bronquite. Essa foi uma graça, um milagre que alcancei através de Nossa Senhora Aparecida, nossa Mãe, a quem entrego minha família e tudo o que tenho. Escrevo esse acontecimento para a divulgação dessa graça e para que todos acreditem e tenham fé, pois na hora em que tudo parece estar perdido é quando estamos sendo resgatados pelas mãos do Senhor."

É muito fácil perceber por que esse relato foi selecionado, entre tantas outras mensagens, para publicação na edição número 1 da *Revista de Aparecida*. A carta de Ana consegue, em um texto curto, sintetizar a ideia completa do motivo pelo qual os testemunhos são divulgados numa publicação oficial do Santuário. Em primeiro lugar, Ana usa as palavras mágicas — graça e milagre — para explicar a maneira inexplicável pela qual sua filha se curou de uma bronquite que, pela descrição, era crônica. Além disso, o testemunho se refere a uma situação especialmente importante e intensa para os devotos, a celebração do 12 de outubro, dia da Padroeira, quando a graça aconteceu. E Ana atesta, com convicção: "Nunca mais ela teve uma crise de bronquite." Para completar, há o apelo à fé em Aparecida e em Deus, que é a essência do trabalho evangelista dos redentoristas do Santuário.

A carta de Ana J. é exemplar em todos os sentidos. Transmite a um imenso número de pessoas o poder da santa de Aparecida, incentiva outros devotos a também tornar públicas as graças recebidas e, ao mesmo tempo, revela algo mais profundo, quase indizível, relacionado à real motivação de divulgar o episódio de que foram protagonistas. Transmite algo como "fui tocada pelo mistério", "fui ouvida por Nossa Senhora Aparecida", "fui escolhida, eleita". Não é possível falar em vaidade, pura e simples, a vaidade mundana de parecer melhor do que outros, porque se trata de um sentimento mais complexo. Quem recebe uma graça sente, de alguma maneira, que é alguém especial num plano mais alto do que a vida cotidiana. É alguém que pensa que algo tão grande precisa ser contado a todos.

Padre João Batista de Almeida, o reitor do Santuário, diz que só recebeu uma única graça divina, embora passe seus dias a poucos metros do nicho onde fica a imagem autêntica de Aparecida, devote sua vida ao culto e seja a única pessoa no mundo que pode pegar a chave que tem sob sua guarda, abrir a porta de vidro blindado e tomar a santa em suas mãos — o que, teoricamente, o habilitaria a ser um alvo preferencial de favores. "Uma graça assim extraordinária, algo que você olha e fala que foi uma intervenção extraordinária de Deus, eu acho que foi só a minha vocação para ser padre. O que eu poderia considerar como uma grande graça é a vocação, algo que pouquíssimas pessoas tiveram e não fui eu que escolhi." Mas ele não duvida de nenhuma carta enviada por devotos com relatos de graças recebidas: "É lógico que esses testemunhos devem ser levados a sério, certamente. Quem escreve tem certeza absoluta de que recebeu uma graça, que foi tocado, e nenhum de nós tem o direito de negar esse sentimento."

166 / NOSSA SENHORA APARECIDA

No início do século XXI, a partir do relato de Ana J. à primeira edição da *Revista de Aparecida*, os testemunhos continuaram a chegar ao Santuário Nacional em ritmo veloz. Fernando B., de Fortaleza, Ceará, contou que em junho de 2000 perdeu a visão do olho esquerdo: "Fui ao médico e ele disse que o meu olho não tinha mais jeito. Tive uma hemorragia na menina do olho. Eu iria ficar enxergando só com o direito. Não me conformei, procurei outro médico, que me disse a mesma coisa. Fiquei preocupado e me apeguei com Nossa Senhora Aparecida. Pedi a ela que eu voltasse a enxergar. Prometi que quando ficasse curado iria ser ministro da eucaristia. Pela honra e glória de Jesus, fiquei com o meu olho completamente curado. Agradeço a Jesus e a Nossa Senhora Aparecida, pois hoje sou ministro da eucaristia com muito orgulho."

LINHA DIRETA COM O CARDEAL

As mensagens, em geral, tinham um destino certo. Eram enviadas ao bispo auxiliar de Aparecida, na época o gaúcho dom Aloísio Lorscheider, a quem os devotos se dirigiam de modo informal, como alguns fazem em relação à própria santa. Por exemplo, Marlei J. M., de Ubá, Minas Gerais, escreveu ao cardeal para contar esta graça: "Dom Aloísio, em 1983, meu esposo José P. I. sofreu uma rara doença, chamada má circulação cerebral. Por causa dessa doença, ele quase ficou louco, perdeu todo o sentido e nem mesmo sabia quem era. Mas, pela fé que eu e minha família temos em Nossa Senhora Aparecida, meu marido foi curado e hoje é um novo homem. Faz dezoito anos que ele não bebe nenhuma bebida alcoólica, e isso faz cada vez mais aumentar a minha fé em Nossa Senhora Aparecida."

O que mais chama a atenção em relatos como esse é o caráter confessional, o tom de uma conversa íntima, privada, que normalmente não se divulga. Qualquer que tenha sido a reação do marido de Marlei ao ver seus problemas se tornarem públicos, o resultado justificou, com certeza, a compulsão de contar a graça, de divulgar o toque do inexplicável, e essa lógica específica é o que dá sentido a todos os outros testemunhos enviados pelos devotos.

Como este, de Vanita S. C., de Gouveia, Minas Gerais: "Em 1985 minha família tinha muitas dificuldades financeiras, porque éramos sete irmãos pequenos e minha mãe estava grávida da minha irmã caçula. Morando na zona rural, era tudo muito difícil. O meu pai precisava sair para trabalhar em garimpo e o que ele garimpava mal dava para nos sustentar. No lugar aonde ele ia trabalhar precisava atravessar um rio muito perigoso. Num dia do mês de janeiro de 1986 meu pai saiu para trabalhar, choveu muito durante o dia, a enchente do rio foi tão forte que levou a canoa que ele e meus primos usavam. À tarde, quando eles voltavam para casa, descobriram que não havia outro meio para atravessar o rio que não fosse nadando. Entraram no rio o meu pai e três primos meus. Os primos tiveram sorte, pois conseguiram atravessar, mas meu pai, infelizmente, não teve a mesma sorte. Ele sentiu uma cãibra numa perna e em um braço no meio do rio. Desesperado, tentando pedir socorro para os meus primos que já estavam no outro lado do rio, ele não conseguiu permanecer na superfície e afundou. Já desistindo de conseguir sair e parando de mergulhar, começando a beber água, o meu pai apelou: 'Nossa Senhora Aparecida, vou deixar meus filhos e minha esposa, não vou vê-los nunca mais, por causa de uma cãibra. Me ajude.' Nesse instante a interces-

168 / NOSSA SENHORA APARECIDA

são de Nossa Senhora foi tão grande que ele subiu novamente à superfície. Meu pai saiu perto do meu primo, que já estava procurando por ele, preocupado com o tempo que ele estava no fundo do rio. Ele ajudou meu pai a sair da água. Na verdade, quem o salvou foi nossa querida Mãe Aparecida. Hoje, dezesseis anos depois, temos muito a agradecer a Deus e a Nossa Senhora Aparecida. Nossa condição financeira é bem melhor e nosso pai não precisa mais sair para trabalhar com tanta dificuldade, como antes."

E como este outro, de Carina A. P., de Ribeirão Preto, São Paulo: "Tenho 24 anos e sou casada há quatro anos. Em 2003, meu casamento já estava abalado por muitas brigas, principalmente por questões financeiras. Mas, sempre com muita fé em Nossa Senhora Aparecida, que aprendi desde criança com meu pai, rezava muito pedindo ajuda. Depois de muita insistência consegui levar meu marido à igreja, em um encontro de casais. No segundo dia, logo depois do almoço, houve uma palestra sobre Nossa Senhora Aparecida e o palestrante perguntou: 'Alguém aqui nunca sentiu o amor de Maria?' O palestrante insistiu: 'Eu sinto que tem uma pessoa que nunca sentiu o amor de Maria, e quer provar desse amor.' Intercedendo, fiquei feliz ao ver que meu marido levantou-se, foi até Nossa Senhora e, de joelhos, caiu num profundo choro, que comoveu o palestrante e todos os presentes. Ele voltou-se para o meu lado e disse: 'Hoje senti pela primeira vez o amor de Deus e de Maria de que tanto você me falava.' Hoje, com a ajuda de Nossa Senhora Aparecida, somos uma nova família e refizemos o nosso lar."

Outra situação incomum foi relatada por José J. B., de Itapecerica da Serra, São Paulo: "Sou funcionário público e em 2000 me vi envolvido em uma história inacreditável. As pessoas começaram a acusar minha equipe de estar envolvida em corrupção. Nada do que foi dito realmente aconteceu. Não sei o que originou tudo aquilo, mas, a partir daí, minha vida começou a se transformar. Fiquei muito desorientado, sem saber a quem recorrer. Com a ajuda de minha esposa, comecei a ir à missa com maior frequência e a pedir a Nossa Senhora que intercedesse por mim. Percebi que muitas coisas começaram a mudar. Senti a presença de Deus em minha vida com mais intensidade. Todos os meus colegas de equipe foram previamente punidos, sem ao menos serem apuradas as denúncias. O processo foi parar no fórum. Lá chegando, o Ministério Público, apesar de não ter provas suficientes dos fatos, mas, com a influência da mídia, cobrava providências. Quando vi meu nome naquela denúncia rezei muito para que Nossa Senhora me ajudasse. Tinha a consciência tranquila, afinal sabia que nada daquilo havia acontecido. Os meus colegas de equipe foram citados, pessoalmente, por um oficial de justiça. Fiquei esperando a visita dele, que deveria acontecer na sequência, sempre pedindo a intercessão de Nossa Senhora Aparecida. Passaram-se cerca de dez dias e qual não foi a minha surpresa quando chegou um ofício ao meu serviço convocando-me para a audiência. Porém, pasmem, como testemunha arrolada e não como réu! Nesse ato, agradeci muito a Nossa Senhora Aparecida. Confesso que nem acreditava naquilo que estava lendo, pois nada tinha feito, em termos de defesa jurídica. Apenas pedi muito à Mãe Aparecida que me socorresse. Por isso sou um devoto muito fiel e serei eternamente grato a ela, que me socorreu no momento em que mais precisei."

Ivanete A. C., de Paranavaí, Paraná, também enviou esta carta diretamente ao cardeal Aloísio Lorscheider: "Estou escrevendo este relato porque tenho a certeza de que tive a proteção de Nossa Senhora Aparecida, em quem confio e acredito, eu e minha família. Está fazendo um ano desde que estive em Aparecida, e foi quando passei a fazer parte da Campanha dos Devotos que minha vida melhorou e fluiu. Mas o relato que faço agora foi muito terrível para nossas vidas. Meu marido possui uma firma no Mato Grosso do Sul, pela qual temos que estar sempre viajando, pois moramos no Paraná. No dia 19 de dezembro de 2001 meu marido e minha filha foram para uma cidade vizinha da qual temos a firma, fazer acertos em serviços prestados à prefeitura. São 45 quilômetros (30 de estrada de chão e 15 de asfalto). Quando estavam voltando perceberam uma motocicleta com dois homens, que estavam perseguindo eles. Então ultrapassaram a motocicleta e pararam em uma curva, quando meu marido viu que o homem atrás na moto estava com uma arma para atirar. Ele gritou para minha filha: 'Abaixe que ele vai atirar.' Ele disparou três tiros, acertando dois em meu marido e um no carro. Mas a proteção de Nossa Senhora é tão grande que um tiro raspou em suas costas, pois ele abaixou, e o outro entrou e saiu nas suas costas, como se houvesse um escudo. E tenho certeza que havia, pois só pela proteção de Nossa Senhora e muita fé não lhe atingiu a espinha esse tiro que passou em frente ao rosto da minha filha e quebrou o retrovisor do seu lado. Ele dirigiu sem parar por 35 quilômetros, sangrando até o hospital. O médico que lhe atendeu disse: 'O senhor é uma pessoa de muita fé, só está vivo por milagre.' Ele ainda está com as feridas nas costas e não sabemos se foi para roubo ou outras maldades, mas de uma coisa temos certeza: Nossa Mãe Aparecida estava presente e sempre está. Obrigada, Mãe Aparecida!"

Terezinha B. M., de Volta Redonda, Rio de Janeiro, contou esta história ao cardeal: "Tenho 72 anos e, em 21 de maio 2002, sofri um acidente caseiro, ficando com a mão esquerda quase decepada. Como estava só em casa no momento do acidente, tudo fechado com grades por todos os lados, gritei para que Nossa Senhora Aparecida me socorresse. Pedi socorro, mas ninguém podia entrar. Então, consegui me arrastar e jogar as chaves para os vizinhos, que me levaram ao hospital, onde passei por duas cirurgias. Três dias depois, consegui ir à missa e, alguns meses depois, eu e meu marido tivemos a oportunidade de participar da missa no Santuário Nacional. Fomos agradecer a Nossa Senhora Aparecida e recebemos mais uma graça: minha mão, que não se abria nem mexia, na hora da bênção do Santíssimo abriu-se, e os dedos, que estavam fechados, se abriram também, recuperando os movimentos."

Esses episódios relatados por Vanita, José, Ivanete e Terezinha não estão entre os mais comuns, assim como são absolutamente inexistentes os relatos de graças recebidas por algo que poderia ser descrito como fútil e pequeno ante a grandeza dos verdadeiros milagres. Por exemplo, não é levado em conta o depoimento de alguém que diz que por graça de Aparecida ganhou na loteria ou na rifa do bairro. O que predomina nos testemunhos dos devotos são casos relacionados a doenças graves diagnosticadas como incuráveis, a maioria bem próxima do risco de morte, e a curas inexplicáveis.

Como o dramático relato de Rosália M., de Ubatuba, litoral de São Paulo: "Meu esposo, um homem muito trabalhador, descobriu em um exame que tinha câncer de próstata. Como ele é uma pessoa muito conservadora e quase nunca ia ao médico, ficou chocado com a notícia. Vários exames foram

172 / NOSSA SENHORA APARECIDA

feitos, até que conseguimos convencê-lo a fazer a cirurgia. O médico só abriu e nada fez. Para ele o estado da doença estava muito avançado. Tudo isso só fez aumentar a angústia do problema. Começou aí o desespero do meu esposo. Procuramos outro médico, que pediu para que Pedro começasse a fazer sessões de quimioterapia. Era a última das esperanças. A situação era ruim, pois não tínhamos dinheiro nem condições de conseguir mais recursos, mas na fé continuamos a andar. Meu marido estava desesperado, não dormia, não comia, não vivia. Foram momentos de angústia para toda a família. Não desistindo do tratamento, fomos a Jacareí, ao Hospital São Francisco, e lá o médico nos deu esperança, mas não sabíamos que viria tão rápido. Antes de dar continuidade aos exames, fomos à Basílica de Nossa Senhora Aparecida e lá meu esposo, de joelhos, pediu aos pés de Nossa Senhora que tirasse esse tumor, esse mal, rezando e pedindo: 'Nossa Senhora, arranque esse câncer de mim! Só a senhora pode tirar isso, pois libertou o escravo em seu santuário e realizou tantos outros milagres.' No outro dia fomos ao médico, onde meu marido passou por uma bateria de exames. Qual não foi nossa surpresa, e a do médico: a próstata estava melhor do que a de uma pessoa normal. Foi Nossa Senhora quem fez isso! É que a fé em Nossa Senhora Aparecida e as orações de pessoas que gostam do meu esposo, somadas ao pedido dele ao pés da Virgem, fizeram, através de nossa santa Mãe, a realização dessa cura. Mas meu martírio colocou em prova a nossa fé e, graças a Deus, nosso sofrimento acabou. Venho, humildemente, agradecer a Deus, em nome de minha família e amigos, o pedido que foi atendido por intermédio de Nossa Senhora Aparecida."

Sandra B., de Manaus, Amazonas, escreveu este relato: "Recebo a *Revista de Aparecida* há um bom tempo e fico muito emocionada quando leio as 'Histórias de fé'. Comigo não foi diferente, foram vários os milagres que minha Mãe Aparecida proporcionou para a minha vida. No dia 11 de janeiro de 2011, um inseto picou o meu pé e houve uma complicação muito grande. Sou diabética, e o diabetes estava alto e eu não sabia. Fiquei internada durante três dias em um hospital e estava piorando cada vez mais. Meu pé ficou escuro e inchado. Graças a Deus e a Nossa Senhora Aparecida, apareceu um médico que, ao perceber meu estado, me encaminhou para outro hospital. Ao chegar lá, os médicos me disseram que eu só teria 20% de chances de permanecer com o meu pé. Fiquei muito desesperada, pois preciso muito trabalhar e manter minha família. Justamente na hora do meu desespero, me apeguei à minha Mãe 'pretinha', modo carinhoso que tenho de chamá-la em minhas orações. Em seguida, disse ao médico que ele não amputaria o meu pé, porque minha Mãe pretinha cuidaria de mim e guiaria as mãos dele. Logo após o término da cirurgia, a primeira coisa que fiz foi perguntar ao médico o que tinha acontecido e ele me disse que não foi necessário amputar meu pé. Permaneci internada mais dezessete dias e os especialistas me informaram que eu tinha que ficar por mais seis meses em recuperação. Mas, com a intercessão da mãezinha, minha recuperação total ocorreu em apenas três meses. Esse foi um grande milagre em minha vida. Sou devota de Nossa Senhora Aparecida até morrer. Hoje restabelecida, agradeço muito a Deus, a Nossa Senhora e às minhas filhas, irmã, sobrinhas, genros e amigos, em especial aos amigos de oração, que sempre se reuniam para orar por mim nesse momento triste de minha vida. Hoje só tenho a agradecer a intercessão de Nossa Senhora Aparecida."

174 / NOSSA SENHORA APARECIDA

No mesmo tom de encantamento e desprendimento, Célia B., de São José dos Pinhais, Paraná, contou o que aconteceu com ela: "Há muito tempo sou devota de Nossa Senhora Aparecida e já alcancei muitas graças. Certa vez, no tempo em que missionários saíam pelas casas benzendo, eu deveria ter 5 anos. Lembro-me que esses missionários chegaram à minha comunidade com uma imagem de Nossa Senhora Aparecida, em carro aberto. Eu tinha muito medo de padres. Só que quando eles chegaram com aquela imagem eu perdi o medo e pedi à minha mãe uma santinha daquelas. Eu frequentava a igreja todos os domingos. Quando fiz 6 anos, meu tio me perguntou o que eu queria de presente. Então falei: quero uma santinha de Aparecida, e no dia do meu aniversário, para minha surpresa, meu tio chegou com uma imagem de porcelana. Fiquei muito feliz. Fui crescendo e minha fé também. Recebi muitas graças, meu filho foi curado de anemia graças a Nossa Senhora. Uma das maiores graças, entre tantas, foi essa: sou professora e uso muito minha voz. Em 2000 tive duas turmas de primeira série, forcei demais a voz e tive dois nódulos nas cordas vocais. Fiz tratamento, sem resultado. No ano passado fiquei sem turma, para meu sofrimento. O médico sempre me falava que o nódulo não tinha cura. Foi quando eu pedi a Nossa Senhora Aparecida que me livrasse desse mal. E graças a ela e a Deus, quando fui fazer um exame, o médico constatou que só existia uma cicatriz nas cordas vocais, como se eu tivesse feito uma cirurgia. Sim, a cirurgia foi feita por Nossa Senhora Aparecida."

Caso semelhante foi relatado por Alberto B., de Maceió, Alagoas: "Mãe Aparecida, agradeço a tua intercessão junto ao teu filho Jesus, para que eu fosse curado de uma cardiopatia grave. Sofri uma intervenção cirúrgica para a colocação de

AS GRAÇAS DO SÉCULO XXI / 175

duas pontes de safena e uma ponte mamária, em 16 de outubro de 2003. Por isso neste dia 8 de julho de 2004 encontro-me aqui, na Sala das Promessas, agradecendo a Deus e a Nossa Senhora Aparecida. Não consigo encontrar adjetivos que demonstrem toda a minha emoção e o meu contentamento por tantas graças recebidas."

E também por João R., de Divinópolis, Minas Gerais: "Aos dois meses de gravidez, minha esposa, Ângela, apresentou manchas rosadas em todo o corpo e o exame de rubéola deu resultado positivo. Naquele momento, nossa vida virou de cabeça para baixo. O médico aconselhou que ela fizesse um aborto, alegando que a criança poderia nascer sem algum membro do corpo, cega, surda, muda e com atrofia, o que a levaria a uma vida vegetativa. Ao voltarmos do consultório, passamos na casa de meus pais e eles, tentando nos acalmar, perguntaram onde estava a nossa fé. Chegando em casa, diante da imagem de Nossa Senhora Aparecida, pedimos que ela nos ajudasse e prometemos que, se nosso filho sobrevivesse, seria consagrado a ela. A ideia de tirar a criança foi totalmente eliminada e passamos a fazer a novena em honra a Nossa Senhora Aparecida no santuário dedicado a ela em nossa cidade. Numa conversa com as irmãs carmelitas, uma religiosa nos tranquilizou, dizendo que não havia nada de errado com a criança. Aos seis meses da gestação, vendo o ultrassom, o médico confirmou que a criança poderia nascer surda, muda e cega. Nós, porém, tínhamos a certeza de que a Mãe Aparecida estava intercedendo junto a Jesus e que nada disso iria acontecer. No dia 11 de janeiro de 1994, às 3 horas da manhã, diante dos primeiros sinais, fomos para o hospital e nosso filho nasceu. Surpreso, o médico me deu a seguinte notícia: 'Um milagre acaba de acontecer, seu filho é muito bonito e saudável. Se vocês tivessem escutado o meu conselho, nós teríamos cometido um grande pecado.' Lucas foi batizado no santuário de Divinópolis e consagrado a Nossa Senhora Aparecida. Foi coroinha, fez a primeira eucaristia e hoje faz parte da Sociedade São Vicente de Paulo e do coral da igreja. Em gratidão, fazemos a romaria ao Santuário Nacional todos os anos, levando mais pessoas a conhecer o trabalho dos missionários redentoristas."

Maria P., de São João del-Rei, Minas Gerais, escreveu: "Minha filha, Maria Aparecida, foi atropelada por um ciclista, bateu a cabeça no asfalto e, como consequência, ficou com um coágulo no cérebro. Depois de alguns dias no CTI, os médicos informaram que seria necessário realizar uma cirurgia muito delicada para retirar o coágulo. Então, comecei a orar a Deus e a Nossa Senhora Aparecida, para que a graça divina interferisse no momento da cirurgia. Após novos exames, os médicos nos disseram que a cirurgia não seria mais necessária, pois o coágulo havia atrofiado de modo espetacular e de uma maneira inexplicável. Por isso, já levei minha filha ao Santuário de Nossa Senhora Aparecida para, juntas, agradecermos essa graça recebida."

Maria L., de Pedreira, São Paulo, também contou sua história diretamente ao cardeal: "Dom Aloísio, é com muita alegria que lhe escrevo. Vou testemunhar uma graça que recebi através da Mãe Aparecida. Em consequência de uma forte gripe, adquiri uma sinusite crônica. Fui a vários médicos e não havia solução. Eu precisava me operar, pois além da sinusite formou-se um cisto de retenção que ia crescendo e tomando o seio da face, ocasionando fortes dores de cabeça. Não tinha coragem de operar, estava com muito medo, mas cansada de sofrer decidi, após doze anos, fazer a cirurgia. Meus problemas começaram a aumentar no pós-operatório. O sofrimento foi grande, pois os ossos do seio da face foram fraturados com a raspagem. Fiquei deformada durante sete dias. As pessoas que vinham me visitar ficavam espantadas. Depois de dois meses fui fazer o raio-X, e qual não foi a minha decepção. Minha sinusite continuava lá e a médica não sabia o que dizer, apenas que deveria raspar e drenar mais. Voltei para casa chorando, mas mesmo assim fiz outro tratamento, mais três raios-X, tomografia computadorizada, ouvi outros médicos, e nada. Lá estavam o cisto e a sinusite. Nessa ocasião entrei para a Campanha dos Devotos e comecei a assistir à missa todos os dias. Na hora da consagração a Nossa Senhora, eu suplicava pela minha saúde. Consagrava a ela minha doença e me emocionava muito. Fiz outro raio-X e tive a maior e mais abençoada surpresa: o exame estava normal. Eu não acreditava, esperei quinze anos por isso. As lágrimas rolaram. Nossa Senhora me atendeu. Levei o resultado para minha médica e ela mesma disse que foi um milagre. Envio, junto com o meu testemunho, as cópias dos exames. Agradecerei essa graça pelo resto dos meus dias."

Em 2004, Ângela B., de Cascavel, Paraná, escreveu ao cardeal para contar que sua filha de 1 ano e 7 meses havia nascido com má-formação congênita: "Pés tortos, mãos tortas, orelha direita fechada, cisto no olho e somente um rim. Pedi que Nossa Senhora desse muita força para que eu e meu esposo conseguíssemos criar nossa filha, que batizamos com o nome de Nathália Aparecida. Graças a Deus e à intercessão de Nossa Senhora Aparecida, o tratamento dela está indo muito bem. Meu esposo, Valdecir, fez uma promessa: assim que pudéssemos iríamos a Aparecida participar de uma missa. Então, no dia 6 de maio de 2004, passamos o dia todo no Santuário e entregamos nas mãos de Nossa Senhora todos os problemas da pequena Nathália, e recebemos uma grande graça. Retornando para Cascavel, a Nathália teve uma infecção na urina, que doía muito. Então o pediatra pediu uma nova ecografia e aí, para nossa surpresa, ficou comprovado que Nathália tinha os dois rins. Temos os exames que comprovam que ela não tinha um rim e hoje ela tem os dois rins perfeitos. Foi um milagre, e até o pediatra ficou muito impressionado. Por todas as vezes que ela fez cirurgia nas mãos e nos pés, e por tudo o que passamos, quero agradecer a Nossa Senhora Aparecida essa graça recebida."

Outro que remeteu uma carta diretamente ao cardeal dom Aloísio foi Silvério S., de Taubaté, São Paulo. Ele contou que é pedreiro da construção civil e, "um belo dia", estava trabalhando em um andaime e foi pegar uma caixa de massa, muito pesada: "Quando puxei, senti em minhas costas um estalo, mas como não senti dor alguma continuei trabalhando. Com o passar dos dias, comecei a sentir uma pequena dor e resolvi ir a um massagista. Fui duas, três vezes e nada de melhorar. Aquela pequena dor foi aumentando e quando percebi já não conseguia levantar da cama para ir ao banheiro, tinha que ir de joelhos, fiquei dois meses assim. Minha esposa então me disse: 'Silvério, você precisa ir ao médico.' Resolvi escutá-la e fui ao hospital, comecei a fazer os exames às 18 horas, então os médicos disseram que eu teria de ser operado pois estava com um quisto na coluna. Entrei na sala de cirurgia imediatamente. Então pedi a Nossa Senhora Aparecida que ficasse ao meu lado para que nada de mau me acontecesse. Fui operado em 1975 e até hoje não sinto mais nada, continuo trabalhando normalmente graças à intercessão de Nossa Senhora."

AS GRAÇAS DO SÉCULO XXI / 179

Em carta também enviada diretamente ao arcebispo de Aparecida, em março de 2004, Célio A., de São José dos Campos, São Paulo, escreveu: "Cardeal Lorscheider, primeiramente peço-lhe a bênção, e quero dizer que faço parte da Campanha dos Devotos de Nossa Senhora Aparecida, a quem devo a minha vida. Em março de 1964, ocasião em que estudava preparando-me para o vestibular de engenharia em Itajubá, Minas Gerais, ela salvou-me da morte quando a canoa em que estava afundou no rio Sapucaí. Eu invoquei o seu nome para que me salvasse, pois não sabia nadar, e eis que senti um impulso muito grande e consegui me agarrar às margens do rio. Isso eu me lembro como se fosse hoje e tenho uma gratidão muito grande a Nossa Senhora Aparecida. Por isso, sempre procurarei colaborar com as obras da basílica durante toda a minha vida. Estou contando isso porque considero-me seu amigo, e amigo não deve esconder nada a ninguém. Despeço-me com um grande abraço. Conte comigo!"

Em março de 2004, dom Aloísio Lorscheider, que tantas cartas pessoais havia recebido nos últimos anos, teve aceita pelo Vaticano sua renúncia ao posto de arcebispo metropolitano de Aparecida, e seu lugar foi ocupado por dom Raymundo Damasceno Assis, mineiro de Capela Nova, então com 67 anos. Dom Raymundo havia sido bispo auxiliar e vigário-geral da Arquidiocese de Brasília, desde 1986, e secretário-geral da Conferência Nacional dos Bispos do Brasil, que presidiria entre 2011 e 2015. Dom Aloísio, gaúcho de Estrela e muito querido pelos devotos, era cardeal desde 1976, havia participado dos conclaves que elegeram os papas João Paulo I e João Paulo II e estava em Aparecida desde agosto de 1995. Ao deixar a cidade, foi para Porto Alegre, onde faleceria três anos depois, em 23 de dezembro de 2007. Em prova de gratidão, dom Aloísio foi homenageado com uma inscrição no bronze do sino de Pedro que está no novo e monumental campanário do Santuário de Aparecida.

Dom Raymundo passou, então, a ser o destinatário de muitas das mensagens enviadas pelos devotos, que logo o acolheram, como haviam feito com dom Aloísio nove anos antes. As cartas continham relatos com dramas pessoais como este de Valquíria C., de Jundiaí, São Paulo: "Fui diagnosticada com um tumor com 2,8 centímetros no cérebro. Os médicos me disseram que o tumor era benigno e que eu teria de ser submetida a uma cirurgia. Desde então, entreguei a minha vida a Deus e a Nossa Senhora e pedi que fizessem um milagre em minha vida, que me livrassem desse problema, pois eu estava com 39 anos e tinha dois filhos para criar. Na noite anterior à cirurgia, rezei e senti que estava nos braços de Nossa Senhora Aparecida. Naquele momento senti a cura, a presença de Deus me acalmando, senti que tudo daria certo. Fiquei oito horas na mesa de cirurgia, pois o tumor estava localizado num lugar do cérebro a que os médicos tinham dificuldade de chegar. Foi uma cirurgia muito delicada e arriscada. Tudo saiu bem e, depois de quatro dias, eu já estava em casa, curada. Não tenho palavras para expressar minha gratidão a Deus e a Nossa Senhora Aparecida. Minha fé só aumenta a cada dia, porque aprendi que para Deus nada é impossível."

Caso parecido foi narrado por Natália G., do Paraná: "Descobri que estava com câncer aos 7 anos. De repente, comecei a inchar e fiquei com muitas espinhas no rosto. Fui encaminhada ao pediatra, que fez vários exames e então identificou que eu tinha câncer suprarrenal. Fui encaminhada para Curitiba e consegui uma vaga no hospital para fazer o tratamento. Em 2008, fiz minha primeira cirurgia, com duração de sete horas, e depois passei por um tratamento de oito meses. Devido ao câncer, tive de tirar um rim. Estava com medo de fazer minha cirurgia, mas desde pequena já tinha muita fé em Nossa Senhora Aparecida. Em 2011, o tumor voltou, próximo à costela e ao rim, então fui submetida a outra cirurgia para remoção do tumor. Graças a Deus correu tudo bem e, depois, foram mais onze meses de quimioterapia, uma vez por mês, em Curitiba. Eu já tinha fé, mas agora estou com mais fé ainda. Sempre tive muita vontade de viver. Eu e minha família rezamos muito. Quando vou tomar os remédios, peço que Nossa Senhora Aparecida interceda por mim junto a Deus. Neste mês, fez um ano que acabou a quimioterapia e estou prestes a terminar os remédios. Só tenho a agradecer por tudo que você, Mãe Aparecida, fez por mim, você é mãe e cuida de todos com muito amor. Em setembro, fiz uma tomografia e, graças a Deus, está tudo bem. Peço só mais uma ajudinha: olhe por mim. Obrigada por cuidar de mim! Agradeço a todas as pessoas que rezaram e rezam por mim. Nunca deixem nada vencer vocês."

Noé P., de Guareí, São Paulo, passou por situação semelhante: "Realizei exames nos quais foi constatado que estava com problema na próstata. O médico disse que não teria cura e que eu poderia apenas tomar remédios para controlar a doença. Eu tinha muito receio de um dia ser submetido a uma cirurgia. Minha cultura é diferente, nunca passei por isso. Quase não vou ao médico, somente quando necessário, para fazer exames e verificar se está tudo em dia. Quando fazia o ultrassom, o médico, assustado, me perguntou se eu havia operado a próstata. Eu disse que não, e ele falou que eu estava totalmente curado. O médico disse apenas para que continuasse tomando os remédios para prevenção. Sou da Campanha dos Devotos e colaboro com o revestimento da cúpula central do Santuário Nacional. Pedi a Nossa Senhora Aparecida a graça da cura e prometi que iria continuar colaborando até o fim da vida. Não sei como agradecer, e gostaria que fosse divulgado este testemunho de fé, para que o mundo inteiro saiba que vale a pena viver a fé, ser devoto de Nossa Senhora Aparecida e participar da Campanha dos Devotos."

GRAÇAS INEXPLICÁVEIS

Maria M., de Colombo, Paraná, enviou esta mensagem ao Santuário: "Quero contar a história de uma grande graça que recebi das mãos de Deus e de Nossa Senhora. Eu tinha uma doença muito grave e estava com uma lesão nos dedos do pé. O médico disse que precisava amputar meus dedos, e mesmo assim não resolveria meu problema, era só para aliviar um pouco a dor que eu sentia, pois era meu corpo todo que doía. Um dia, fui à casa de uma amiga, para rezar diante de Nossa Senhora, e, olhando para aquela imagem, pedi a ela que tivesse misericórdia de mim e fui para casa. Tive então uma forte experiência de fé. Naquela mesma noite eu já não sentia mais as dores e, como há muito tempo não fazia, dormi a noite toda. Senti, no meu coração, que estava recebendo uma grande graça. Hoje estou totalmente curada, graças a Deus e a Nossa Senhora Aparecida."

Mais um caso de cura inexplicável foi registrado por Maria A., de Uberlândia, Minas Gerais, em um relato dramático. Ela disse que, em 1988, encontrava-se em uma profunda crise de fé, mas então aconteceu algo que mudou radicalmente a vida dela, por ação providencial de Nossa Senhora Aparecida: "Nosso filho Lucas, de apenas 4 anos, foi acometido por uma septicemia (infecção generalizada) que desencadeou uma séria crise de mal convulsivo, levando-o a entrar em estado de coma. Quando a enfermeira veio nos preparar para a sua morte iminente, meu marido, cheio de confiança, rogou em alta voz à Mãezinha do Céu pela vida do Lucas: 'Minha Nossa Senhora Aparecida, devolva meu filho e eu irei aos teus pés apresentá-lo a ti.' No mesmo instante pudemos ouvir o grito de Lucas ressoar pelos corredores do hospital, chamando pelo pai. Até os médicos e enfermeiras choraram de emoção, assim como nós, ao verem nosso Luquinha retornar à consciência e à vida. Ao trazer nosso filho de volta, Nossa Senhora presenteou-me duplamente: além de conceder-me a chance e a felicidade de poder vê-lo crescer sadio, a partir daquele momento pude novamente experimentar Deus de um modo tão intenso que hoje não há quem me convença de que Ele não existe. No meio da dor, pude ver Jesus com os olhos de minha alma, na força da fé que Nossa Senhora Aparecida ajudou a restabelecer em meu coração."

De Macaé, Rio de Janeiro, Ilza B. contou que em 19 de agosto de 2004 levou o filho ao médico, e o marido, Gilson, resolveu visitar alguns amigos. "Eles o convidaram para um churrasco que aconteceria logo mais à noite, a uns 40 quilômetros dali, e eu logo disse que não iria, que ele me levasse em casa e depois voltasse. Mas fui dormir com um aperto grande no coração. Quando foi por volta da 1 hora da manhã, ouvi alguém bater na porta, achei estranho, pois não ouvi barulho de carro. Quando abri a porta, deparei com o meu marido sujo, rasgado e com o rosto inchado e cheio de sangue. Entrei em estado de choque, comecei a xingá-lo e ele só me abraçava e dizia que graças a Deus estava vivo. Quando me acalmei um pouco, perguntei o que houve e ele disse que o carro tinha ficado destruído. De qualquer maneira, quis ver o carro, então fui até o local, e realmente tinha sido perda total. Fui ver se conseguia pegar pelo menos o aparelho de som e os CDs. Quando dei por mim, vi que a imagem de Nossa Senhora Aparecida que ficava colada no vidro de trás do carro estava no banco, no lugar do meu marido. Então senti que Nossa Senhora esteve o tempo todo ao lado dele e o protegeu, e não deixou que nada de grave acontecesse a ele."

São histórias impressionantes, que se repetiam mês a mês, ano a ano, de todos os tipos, mas tendo em comum a fé e a devoção à santa de Aparecida, cada uma com um drama pessoal. A maioria é comovente, como a de Maria J., de Contagem, Minas Gerais, que enviou a foto de uma criança de 3 anos, sua neta, Ana, e contou que ela havia nascido com graves problemas de saúde. "Aos 2 anos e meio, Ana foi submetida a uma cirurgia. Na ocasião, ficamos muito apreensivos, pois não sabíamos como iria ser. Ela não falava nem se alimentava direito, por isso sofria bastante. Eu, que sou devota da Senhora Aparecida, pedi a ela que nos ajudasse. A cirurgia foi feita com muito sucesso na Santa Casa de Belo Horizonte, e hoje Ana Clara está curada e fala quase de maneira normal. Obrigada, Nossa Senhora Aparecida, eu nunca vou me esquecer de sua intercessão por nós."

Ivone G., da capital de São Paulo, enviou a foto de uma menina e relatou: "Esta é minha sobrinha Isabela, que aos 4 meses de vida teve um quadro de choro intenso, mais convulsão. Internada às pressas, passou por uma cirurgia intraventricular. Depois foi constatado que ela estava com meningite, e a febre não cedia aos medicamentos. Com outra crise convulsiva, foi submetida a nova cirurgia, na qual colocou válvula na cabeça e passou por uma temporada de 48 dias na UTI. Pais, avós e tios rezavam muito, pedindo a Nossa Senhora Aparecida que intercedesse pela Isabela. Nossa Senhora atendeu às nossas súplicas, e aqui deixo o nosso muito obrigado, porque a nossa pequena, hoje com 3 anos, fala, anda, é uma criança totalmente normal e muito alegre. Ela está crescendo sob a proteção de nossa querida Mãe Aparecida."

Numa de suas edições de 2004, a *Revista de Aparecida* informou, nas páginas em que publicava os depoimentos de graças recebidas: "As experiências de fé que reproduzimos aqui são relatos fiéis de devotos de Nossa Senhora Aparecida, que recorrem à bênção e à proteção da Mãe de Jesus." Foi a essa proteção que recorreu Antônio P., de Santa Maria, Rio Grande do Sul: "No dia 24 de outubro de 2003, nascia o nosso tão esperado primeiro neto, que foi festivamente recebido por toda a família. Porém, três horas depois do seu nascimento, ele começou a passar mal e foi para a UTI, onde ficou quinze longos dias, com infecção generalizada, e esteve 72 horas desenganado pelos médicos, que diziam: 'Se vocês têm fé, rezem muito, porque o caso é gravíssimo.' E, graças a Deus e a Nossa Senhora Aparecida, que atenderam a uma enorme corrente de orações feitas por parentes e amigos, o nosso neto foi curado, salvo e libertado, por um verdadeiro milagre. Agradecemos a Deus e à intercessão de Nossa Senhora Aparecida."

A *Revista de Aparecida* também publicou em 2004 um texto do padre Vicente André, que disse: "Na Sala das Promessas

186 / NOSSA SENHORA APARECIDA

você pode ver inúmeras cruzes e aparelhos ortopédicos, que merecem uma consideração espiritual. (...) São inúmeros os casos de pessoas que vêm ao Santuário para agradecer as graças alcançadas pela intercessão de Nossa Senhora, quando a ela recorreram nas horas mais difíceis de suas vidas. Basta uma visita à Sala das Promessas para que possamos ver a quantidade de objetos que ali estão como testemunho de graças alcançadas, especialmente em relação à recuperação da saúde ou de encaminhamento correto para combater alguma enfermidade. Ao contemplar esses testemunhos, devemos não só aprender a ter o coração agradecido a Nossa Senhora que cuida de cada um de nós, mas devemos aprender com ela a ter mais compaixão para com os que sofrem. Com um pouco mais de amor no coração, poderemos fazer muitas coisas que irão aliviar o sofrimento dos irmãos."

O padre Vicente se referia a casos como o que foi narrado por Regina S., de São José do Rio Preto, São Paulo: "Pela fé, o milagre aconteceu. Em outubro, o cardiologista de meu pai constatou que ele tinha de fazer uma cirurgia no coração para a colocação de uma válvula. Vários médicos se reuniram para decidir se ele resistiria à cirurgia, devido ao seu frágil estado de saúde e à sua avançada idade. A cirurgia foi realizada no dia 25 de novembro. A cirurgia foi um sucesso, mas as complicações começaram a surgir no pós-operatório. Os pontos internos se romperam e ele teve de ser operado outras três vezes em um mês, período em que sofreu duas paradas respiratórias e cardíacas. Seus pulmões ficaram tomados de água. Meu pai ficou na UTI por 42 dias. O desespero tomou conta de minha família. Depois da segunda cirurgia, comprei uma imagem pequena de Nossa Senhora Aparecida e perguntei à médica se eu podia deixá-la na cabeceira da cama dele. A resposta foi sim. A partir desse dia, sentíamos que ele estava protegido. Sempre que eu entrava na UTI, colocava a imagem em suas mãos para que a segurasse um pouquinho. Prometi que, se ele se recuperasse, eu iria a Aparecida e acenderia uma vela do tamanho dele e agradeceria, de joelhos, essa graça. No dia 6 de janeiro, ele saiu da unidade de terapia intensiva e permaneceu mais dez dias no hospital. Passados alguns meses, ele já estava andando normalmente. Em fevereiro, eu e meu marido fomos até Aparecida para cumprir minha promessa. Chorei muito, mas era um choro diferente, um choro de agradecimento aos pés da Mãe Aparecida. Hoje, graças a Deus, meu pai voltou a ter a vida normal. Obrigada, meu Deus! Obrigada, Mãe Aparecida, pela sua intercessão."

Ângela J., de Almirante Tamandaré, Paraná, também narrou um episódio de cura: "Quero agradecer uma grande graça recebida, através de Nossa Senhora Aparecida, que mudou as nossas vidas. Minha filha mais nova, a Beatriz, de 3 anos e 3 meses, pegou uma gripe e isso era quase normal, se não fosse a proporção que tomou. Depois de alguns dias, vendo que ela não melhorava, levei-a ao médico. Ele receitou alguns remédios e inalações para a gripe, mas ela não melhorava. Voltei ao médico e ele mudou a medicação e me disse que retornasse após uma semana. Passou a semana e na noite do dia 6 de maio eu e meu esposo resolvemos não levá-la ao médico, pois achávamos que ela estava bem. Nessa mesma noite eu tive um sonho com minha filha. Sonhei que ela estava se afogando em uma lagoa e levantava a mãozinha pedindo por socorro, até que Nossa Senhora Aparecida apareceu no sonho, estendendo suas mãos amorosas, e eu consegui alcançá-la. Na manhã do dia 7 de maio

188 / NOSSA SENHORA APARECIDA

Beatriz estava passando bem, mas o meu coração de mãe me falava que eu deveria levá-la ao médico. Levei-a e chegando lá a médica examinou a menina e mandou tirar um raio X dos pulmões. No resultado apareceu um líquido nos pulmões, principalmente no esquerdo, e o estado dela era grave. Precisaria fazer uma drenagem para tirar o líquido. Nesse momento eu me desesperei, que desespero, meu Deus do Céu! Ela ficou internada. Apeguei-me a Nossa Senhora Aparecida, com todas as minhas forças, e no oitavo dia que estávamos lá, para surpresa dos médicos, não foi necessário fazer a drenagem. No décimo primeiro dia ela veio para casa. Hoje, graças a Deus e a Nossa Senhora Aparecida, estamos felizes e agradecidos por mais essa intercessão de Nossa Senhora em nossas vidas."

De Alma J., de Alegrete, Rio Grande do Sul, chegou este caso de cura: "A maior prova de amor que recebi em toda a minha vida foi por ocasião de uma internação hospitalar, devido a problemas de nervo ciático. Tive complicações e fiquei com diverticulite. Os médicos não conseguiram descobrir o que eu tinha e deram meu caso por perdido. Meus filhos se uniram e resolveram levar o caso adiante. Fui para Porto Alegre de ambulância. Já estava muito mal, quase morrendo. Quando vi meus filhos, todos juntos, rezando, chorando, pedindo por minha vida, percebi que se morresse naquele instante, morreria feliz, pois estávamos todos unidos na mesma fé. Eu poderia receber prova de amor maior que a luta de meus filhos pela minha vida? Não, eles são a razão de minha vida. Isso me recompensava, lutando e rezando, eu era feliz! Hoje somos uma família alegre e mais unida ainda! Temos em comum, além do amor, a fé em Deus e Nossa Senhora Aparecida, que me concedeu a graça de permanecer mais tempo entre eles."

Maria M., de Campinas, São Paulo, escreveu: "Faço o relato de uma grande graça alcançada. Em 11 de dezembro de 2011, por volta das 11 horas, meu filho começou a ter febre, que foi aumentando, e por volta de 3 horas da tarde, estava muito mal. O médico disse que era uma virose, aplicou uma injeção e o mandou para casa. No outro dia, a febre persistia, então procuramos outro hospital e a médica pediu os exames de sangue que ele havia feito no dia anterior e o examinou atentamente. Ela constatou que ele estava com infecção no sangue e com pneumonia nos dois pulmões. Informou que ele seria encaminhado para outro hospital e internado para realizar uma tomografia. No dia seguinte, ele foi transferido, mas antes de fazer os exames, para susto dos médicos e da família, meu filho entrou em coma e foi internado na UTI, com 5% de chance de sobreviver. Entrei em desespero, pedi a Deus, pela intercessão de Nossa Senhora Aparecida, que iluminasse o trabalho dos médicos e intercedesse por meu filho, para que encontrassem um remédio que o curasse. Pedi que a Mãe Aparecida o cobrisse com seu manto sagrado. Comecei a fazer uma novena, suplicando a intercessão de Nossa Senhora Aparecida, do padre Vítor e do Espírito Santo. No quinto dia da novena, recebemos a notícia de que meu menino estava melhorando. Ele permaneceu treze dias internado na UTI e, no dia 26 de dezembro foi para o quarto. Graças a Deus, no dia 28 ele recebeu alta e saiu sem nenhuma sequela. Rezei um terço em agradecimento por essa grande graça alcançada. Quando ele ficou doente, estava no segundo ano de faculdade, cursando publicidade e propaganda. Com a Graça de Deus e de Nossa Senhora Aparecida, ele conseguiu se formar. Obrigada, Papai do Céu e Mãe Aparecida, por essa grande graça alcançada."

Alzira M., de Juruaia, Minas Gerais, enviou esta carta ao Santuário, acompanhada da foto de um automóvel destroçado: "Nos dias 19, 20 e 21 de setembro de 2012 estive no Santuário Nacional e rezei com muita fé. Pedi que Nossa Senhora protegesse minha família, em especial meu filho J., que é mais aventureiro. No dia 20, ele me ligou avisando que iria a uma festa, então olhei para a imagem da Mãe Aparecida e pedi a ela: Maria, cuida dele para mim, porque eu não consigo sozinha. Entreguei-o nas mãos dela, para que o livrasse de todo perigo. Já em casa, no dia 22, o meu outro filho, em pânico, avisou-me que J. havia sofrido um grave acidente, tinha dormido no volante e caído de uma ribanceira de 20 metros de altura. O carro, como está na foto, virou ferro velho. Meu filho foi parar no porta-malas, sem explicações, e naquela hora estava passando um amigo que o socorreu. Tenho certeza de que Nossa Senhora Aparecida estava com ele e não deixou nada acontecer. Meu filho não sofreu nem um arranhão. Já fomos ao Santuário agradecer à nossa querida Mãe Aparecida, com muita fé, por esta grande graça alcançada. Deixo aqui um lembrete aos jovens, para que nunca saiam de casa sem pedir a proteção de Nossa Senhora, Maria Santíssima, que estará presente em qualquer sinal de perigo."

De outra cidade do interior de Minas Gerais, Areado, Lidiane R. escreveu: "Tenho 22 anos, sou mãe de trigêmeos e vim compartilhar com vocês um milagre que aconteceu comigo e meus filhos. Em janeiro de 2012 descobri que estava grávida. Com cinco meses, fiz um ultrassom e descobri que em meu ventre havia dois meninos. Aos sete meses de gravidez, fiz outro ultrassom e o médico me disse que tinha mais um menino, completando três. Tive uma gravidez tranquila e tudo correu bem. No dia 9 de julho de 2012, realizei outro ultrassom, que indicou que já estava na hora do parto. Fui para o hospital e permaneci internada, mas os nenéns não nasceram. No dia 11, voltei para o hospital e fiquei internada novamente. No dia seguinte fui submetida a uma cesariana às pressas, pois estava com pré-eclâmpsia e nós quatro corríamos risco de morrer. Ganhei os bebês numa quinta-feira e no dia seguinte, por volta das 16h30, recebi a notícia de que um dos meninos, N., tinha piorado e precisava ser transferido para outro hospital que tivesse UTI neonatal. Chorei muito, não sabia o que fazer, pois os médicos não davam esperanças para ele, que estava com acúmulo anormal de ar entre o pulmão e a pleura e teria de colocar um cateter para tirar ar do pulmão esquerdo. No sábado me avisaram que havia dado o mesmo problema no outro pulmão e que seria necessário fazer o mesmo procedimento. Supliquei a intercessão de Nossa Senhora Aparecida para que ela o ajudasse. No domingo, recebi a notícia de que B. também apresentou o mesmo problema e teve de ser transferido. Eles ficaram internados dezoito dias na UTI. N. não teve nada, mas precisou ficar internado durante onze dias, por ser prematuro. Fiquei internada por dez dias, porque minha pressão arterial continuava alta. Era muito triste querer ver meus filhos e não poder, porque eles estavam em outro hospital. Mas Nossa Senhora passou na minha frente e tomou conta deles. Agradeço à Mãe Aparecida por esse milagre em minha vida. Hoje eles estão com 1 ano e 2 meses, já dando seus primeiros passinhos, saudáveis, fortes e bonitos, graças a Deus e à intercessão de Nossa Senhora Aparecida. Tenham fé, pois com fé se consegue tudo. Obrigada, meu Deus! Obrigada, Mãe Aparecida."

Marlene Aparecida G., de Votuporanga, estado de São Paulo, contou outro episódio envolvendo um filho: "No dia 22 de fevereiro de 2008, meu filho W. comemorava 20 anos de idade. O que era para ser um dia de festa tornou-se um dia de sofrimento. Ele passou muito mal e foi levado ao hospital, onde foi diagnosticado um infarto do miocárdio. Foi levado às pressas para a UTI. O médico cardiologista chamou a mim e ao meu marido e nos disse que nosso filho teria só 72 horas de vida e que se ele tivesse outro infarto não resistiria. Ficamos desesperados e começamos a chorar. O médico nos disse também que deveríamos rezar muito, pois o caso dele era extremamente grave. Eu e minha família, que sempre fomos devotos de Nossa Senhora Aparecida, começamos a rezar e a pedir que nossa Mãe ajudasse meu filho. Eu chorava muito, pois o medo tomava conta de meu coração. Coloquei meu filho no colo de Nossa Senhora e pedi força e coragem, pois sozinha não conseguiria lidar com esse sofrimento. Todos os nossos parentes e amigos também rezavam para que meu filho se livrasse daquela doença. Depois de alguns dias, ele saiu da UTI, mas ficou mais dezesseis dias internado. Graças a Deus e à intercessão da Mãe Santíssima, meu filho está vivo e totalmente curado. Obrigada, meu Deus! Obrigada, minha Mãe, pela vida e saúde do meu filho."

Ana C., de Itabaiana, Sergipe, relatou: "No dia 3 de fevereiro de 2014, minha filha de 14 anos passou mal e eu a levei rapidamente para o pronto-socorro. De lá ela foi direto para a UTI e passou doze dias internada. No terceiro dia, minha prima me convidou para ir à casa de uma amiga. Quando cheguei, vi a imagem de Nossa Senhora Aparecida. A dona da casa disse para eu fechar os olhos e pensar numa pessoa que estava precisando de cura, e eu só pensei em minha filha. Depois desse dia, tive a certeza de que minha filha não morreria. Foi um verdadeiro milagre. Ela foi diagnosticada com um AVC (acidente vascular cerebral) mas se salvou. Eu já era devota de Nossa Senhora Aparecida e agora participo ainda mais da Campanha dos Devotos."

Cecília C., de São Paulo, capital, contou que seu filho, aos 32 anos, em 2014 apresentou um quadro com visão dupla no olho esquerdo. Foi hospitalizado e liberado em seguida. Seis dias depois, voltou ao hospital, onde ficou internado por dez dias com o diagnóstico de AVC: "Ele saiu do hospital e, depois de uma semana, retornou com paralisia e com grande risco de ter uma parada cardiorrespiratória. O médico informou que meu filho estava com esclerose múltipla e sua visão esquerda estava comprometida. Foi-nos indicado um médico especialista, que pediu uma ressonância. No dia 1º de julho de 2014, retornamos ao médico e, para nossa surpresa, o milagre aconteceu. Foram inúmeras orações a Nossa Senhora Aparecida e a Santa Luzia, pedindo a cura de meu filho. Graças a Deus, ele não tinha mais problema nenhum no cérebro, e sua vista voltou ao normal depois de 75 dias."

E mais um caso de problema com filho, este relatado por Maria A., que mora na capital de São Paulo: "No dia 12 de abril de 2012, meu filho E., de 30 anos, chegou do trabalho e deixou o carro na frente de casa. Entrou para tomar banho e quando voltou para guardar o carro foi abordado por três homens armados, que o colocaram dentro do porta-malas do carro deles. Dois deles ficaram com meu filho e o outro pegou o carro dele. Então saíram em alta velocidade. Testemunhas viram a ação dos bandidos e acionaram a polícia. Ao ouvir os gritos de minha nora, comecei a rezar e pedir a Deus que o protegesse. Eu tremia muito, não conseguia falar ou ligar para a polícia.

194 / NOSSA SENHORA APARECIDA

Meu filho foi agredido com muitos socos na boca. Ao avistarem uma viatura que vinha em sua direção, os bandidos abandonaram o carro com as portas abertas e colocaram meu filho no carro dele para que pudessem fugir mais rápido. Ao entrar em uma rua sem saída e estreita, deram ré e o carro bateu no barranco. Nesse momento, o motor do carro falhou e eles o abandonaram dentro do porta-malas. Os bandidos fugiram e a polícia localizou o carro do meu filho e o ajudou a sair do porta-malas. Ele foi para a delegacia registrar o caso. Ao ligar o carro, ele funcionou normalmente e pôde sair com um policial para escoltá-lo. Foi Deus que me ouviu, eu pedia por sua proteção e para que o carro não capotasse. Ele está vivo graças a Deus e a Nossa Senhora Aparecida."

Kelli Aparecida, de São José dos Pinhais, Paraná, contou o drama que passou, como mãe: "Tenho muito a agradecer a Deus e a Nossa Senhora Aparecida pela vida do meu filho. Quando eu estava com trinta semanas de gestação, ao fazer uma ecografia, foi diagnosticado que meu filho tinha uma hérnia diafragmática e, ao nascer, teria de fazer uma cirurgia. Passei a pedir muito pela proteção da nossa Mãe Aparecida, que ela nos cobrisse com seu manto nesse momento difícil. Toda a família e os amigos começaram a rezar por ele. No dia 25 de junho de 2012, meu filho nasceu. Seu caso era considerado muito grave, mas tínhamos muita fé de que tudo ia dar certo. Ele fez duas cirurgias e teve uma ótima recuperação. Após 37 dias na UTI, ele recebeu alta. Hoje, é um menino alegre, feliz e não tem mais nenhum problema de saúde. Obrigada, Nossa Senhora Aparecida, por esta graça em nossas vidas."

Rose M., de São Mateus, Espírito Santo, escreveu para dizer o que houve com o neto dela: "Sou avó de M. e queria contar como este anjo foi abençoado por Deus e por Nossa Mãe Aparecida. Ele deveria nascer no dia 2 de agosto de 2010. Sua mãe fez todos os exames e ultrassons. Foi uma gravidez tranquila até o último ultrassom realizado no dia 21 de maio. Nesse dia o médico percebeu que ele estava com o cordão umbilical enrolado no pescoço, e precisava retirá-lo com urgência. Sua mãe ainda relutou, mas com carinho e habilidade nós e os médicos conseguimos convencê-la. Então nasceu o nosso anjinho, com apenas 1 quilo e meio, porém muito bem. No dia seguinte, pela manhã, começou nossa agonia. Como vovó coruja, fiquei atenta ao berçário e notei que algo não ia bem com o meu anjinho. O médico, bastante aflito, conversava ao telefone. Eu me desesperei ao saber do que se tratava: o bebê estava com baixa glicose e infecção generalizada. Precisava, com urgência, ser levado para uma UTI neonatal. Como a maternidade não tinha UTI, logo encostou uma ambulância para transferi-lo para outro hospital. Quando ele saiu na ambulância, meu coração doeu ao ver um ser tão indefeso todo cheio de fios. E foi nessa hora que implorei, bem baixinho, que Nossa Senhora o pegasse e o colocasse no colo do Senhor. Pedi forças para dar a notícia a minha filha e a meu genro, que estavam no apartamento do hospital e não sabiam de nada. Tranquilizei os dois e disse: não se preocupem, ele está no colo de Jesus e da Mãe Aparecida. Foram 23 dias de idas e vindas da UTI. A Mãe escutou-me, intercedeu junto ao seu Filho Jesus. Hoje meu neto está com mais de 1 ano, lindo, saudável, correndo pela casa. Agradeço a Deus e a Nossa Mãe Aparecida por essa e muitas outras graças já alcançadas."

Outra avó, Maria S., de Piracicaba, São Paulo, também relatou o que houve com seu neto, em novembro de 2013: "Ele

196 / NOSSA SENHORA APARECIDA

sofreu um grave acidente de moto. Uma van fez uma conversão proibida em uma avenida movimentada e colidiu com a moto dele. Meu neto ficou gravemente ferido e esteve em coma por sete dias. Os médicos não nos davam esperança de que ele ficaria bom. Com muita fé, nos unimos com familiares e amigos para as orações. Pedimos a intercessão de Nossa Senhora Aparecida e também do padre Vítor Coelho de Almeida. Graças a Deus, nós fomos atendidos e meu neto está bem. Os médicos disseram que ele nasceu de novo."

Com a avó Anézia J., de Piracicaba, São Paulo, ocorreu o seguinte episódio: "Na 37ª semana de gestação da minha nora, recebemos a notícia de que meu neto nasceria com uma má-formação congênita que comprometeria o desenvolvimento dele para sempre. Nossas vidas por um momento perderam o sentido, mas sempre pedimos a Nossa Senhora Aparecida que nos concedesse um milagre. O parto foi antecipado para que uma equipe médica pudesse realizar os exames necessários na criança. Ficamos todos no hospital, orando para que tudo corresse bem. Após o nascimento do meu neto, meu filho, que acompanhava o parto, saiu da sala de cirurgia e nos deu a notícia de que o bebê nasceu perfeito. Foi uma emoção muito grande, pois Deus havia transformado aquela triste situação em puro amor. Graças a Deus, meu neto nunca teve deficiência e está crescendo saudável e esperto. Precisamos sempre confiar e renovar a nossa fé."

Pedro S., de Franca, São Paulo, enviou uma carta ao Santuário para contar o problema que houve com ele: "Faço parte da Campanha dos Devotos há alguns anos e tenho muita fé em Deus e em Nossa Senhora Aparecida. Em 1999, sofri uma pancreatite aguda, motivo pelo qual sentia fortes dores. Fiquei internado por cinco dias, tomando apenas soro. Não podia comer nem beber nada, pois meu pâncreas precisava descansar. Sofri bastante, porque, além das dores, os médicos diziam que corria risco de morrer. Minha mulher sempre esteve ao meu lado, dando apoio, até que o médico me desse alta. O médico não queria me passar remédios para tomar em casa e aliviar a dor. De tanto insistir, ele me passou alguns comprimidos para a dor que eu sentia e permaneceu por vários dias. Mudei de médico e ele me pediu uma ultrassonografia para verificar como estava o meu pâncreas. Constatou pancreatite crônica, meu caso tinha piorado. Quando levei os resultados dos exames, o médico apenas me olhou e disse que eu não tinha mais jeito, que não iria nem passar mais remédios. Não me preocupei nem fiquei com medo. Saí do consultório e fui para casa. Chegando lá, rezei e disse para Nossa Senhora Aparecida que o médico me desenganou, mas ela podia interceder por mim junto a Jesus. Eu tinha certeza de que seria curado. Passados alguns dias, fiz outra ultrassonografia e tive uma boa surpresa: meu pâncreas havia voltado ao normal em apenas uma semana, estava novinho em folha. Para que todos saibam do poder da intercessão de Nossa Senhora, estou escrevendo este testemunho em agradecimento, pois, se não fosse ela, eu teria morrido. Já recebi inúmeras graças por intermédio da Mãe Aparecida, por isso só tenho a agradecê-la."

Aparecida L., de Catanduva, São Paulo, enviou ao Santuário este testemunho: "Em fevereiro de 2014, nasceu minha neta, forte e linda. Quando fez 21 dias do seu nascimento, começou a ter fortes crises de choro, ficando roxa. Foi levada ao médico e a encaminharam para o cardiologista, que nos informou a necessidade de uma cirurgia, pois tinha um estreitamento na artéria aorta, do coração. Pedimos a intercessão de Nossa Senhora Aparecida e do Pai Eterno para que nada de mau acontecesse a ela. O milagre foi maravilhoso e hoje ela está bem de saúde. Obrigada, Mãe Aparecida, por estar sempre ao nosso lado."

Mais um episódio inexplicável foi relatado por Cleide S., de São Paulo: "Há três anos, engravidei e fiquei muito feliz, pois tinha o sonho de ser mãe. Infelizmente, com três meses de gravidez, tive um sangramento e perdi a criança. Em dezembro de 2012, engravidei novamente e, com a felicidade, veio o medo de perder a criança. Na noite de 17 de janeiro de 2013, sonhei que tinha tido um sangramento e estava desesperada. Ao amanhecer, lembrei-me do sonho e fiquei preocupada o dia todo. Como de costume, passei na igreja de Nossa Senhora Aparecida, no bairro de Moema, onde eu costumava me sentar nos últimos bancos. Mas, naquele dia, meu coração pediu que eu me sentasse mais perto do altar. Fiz minha oração e, ao abrir os olhos, observei que no altar estava escrito 'Não temas, estarei contigo'. Na mesma noite, tive um sangramento, entrei em desespero e fui para o médico chorando, pois achava que tinha perdido meu filho. Foi preciso fazer alguns exames e o resultado foi positivo, pois meu filho estava bem. Fiquei de joelhos e lembrei-me da mensagem que havia lido na igreja. Era Nossa Senhora Aparecida falando comigo, dizendo que estaria ao meu lado. Agradeci muito a Nossa Senhora por não me abandonar. Tive uma ótima gestação e, no dia 20 de setembro 2013, meu anjo Gabriel nasceu."

Celso E., de Rio das Flores, Rio de Janeiro, também divulgou sua história: "No dia 4 de abril de 1997, sofri um derrame cerebral e fiquei hospitalizado por oito dias. Voltando para casa, me vi totalmente dependente da minha família. Foi então

AS GRAÇAS DO SÉCULO XXI / 199

que pedi a Nossa Senhora Aparecida que me ajudasse a sair daquele estado crítico. Com a ajuda da minha esposa, filhos e amigos, aos poucos fui me recuperando e minha fé crescia ainda mais. Apesar de um pequeno comprometimento do lado esquerdo do meu corpo, voltei a trabalhar e ir à missa aos domingos. Hoje tenho certeza de que foi por intercessão de Nossa Senhora Aparecida que fiquei curado. Faço parte da Campanha dos Devotos e divulgo minha fé em todo lugar aonde vou. Que Nossa Senhora Aparecida continue abençoando minha vida e minha família."

Um problema grave de saúde foi também o que motivou Laura B., de Castanheiras, Rondônia, a escrever este testemunho dramático: "É com grande alegria em meu coração que agradeço a grande graça alcançada: a cura de minha filha I., que mora em Colatina, Espírito Santo. Tudo começou em dezembro de 2012, quando ela fez alguns exames de rotina. Em um desses exames, foi constatado câncer de intestino. Moro em Rondônia e ela no Espírito Santo, e sofria por estar distante. Fizemos muitas orações e novenas e entregamos tudo nas mãos de Deus e de Nossa Senhora Aparecida. Tudo aconteceu muito rápido, e logo ela foi submetida a uma cirurgia e a várias sessões de quimioterapia. Para nossa felicidade, em agosto de 2013, ela repetiu os exames. Tivemos a notícia de que ela está curada. Foi com muita fé, muitas orações e a intercessão de Nossa Senhora Aparecida que conseguimos o milagre de Deus. Somos eternamente gratos."

Situação semelhante ocorreu com Vilma R., de Belo Horizonte, Minas Gerais: "No dia 19 de setembro, foi diagnosticado um câncer de intestino no meu filho F., de 41 anos de idade, o caçula da família. O médico ficou muito preocupado pela idade dele e pelo tamanho da lesão. Senti que estava indo para o fundo do poço, mas no mesmo instante lembrei-me de minha mãe querida, Nossa Senhora Aparecida, e pedi a ela, chorando, que curasse o meu filho. Prometi a ela que deixaria de comer doces e ingerir qualquer bebida alcoólica, que são as coisas de que mais gosto. Meu filho fez os exames pedidos e a cirurgia foi marcada para o dia 4 de outubro. Dois dias antes, o médico ligou informando a transferência da cirurgia, pois não havia vagas no CTI. A cirurgia seria realizada justamente em 12 de outubro, dia de Nossa Senhora Aparecida. Meu filho estava sendo operado e, durante a cirurgia, o médico constatou que a lesão era mais profunda, mas correu tudo bem durante o procedimento. Ele foi para o CTI e no dia seguinte foi transferido para o apartamento. Permaneceu quatro dias internado. No dia 19 de outubro, fui até Aparecida e, na Sala das Promessas, entreguei para Nossa Senhora Aparecida o intestino de cera com a doença do meu filho. No dia 24 de outubro, ele consultou-se com o oncologista para marcar a quimioterapia, quando o médico o examinou e analisou o resultado dos exames. O médico chamou alguns colegas da clínica para que também verificassem os resultados. Depois, esse médico que estava tratando do meu filho questionou se ele ou alguém da família tinha feito alguma promessa, pois havia acontecido um fato estranho, um milagre. Meu filho estava curado e não precisaria mais de quimioterapia. Seria necessário realizar apenas o procedimento para retirar a bolsa e fechar o local da cirurgia. Agradeço a Nossa Senhora Aparecida por essa graça alcançada."

Maria C., também de Belo Horizonte, relatou: "Meu bisneto nasceu prematuro e foi desenganado pelos médicos. Ele ficou na UTI por 45 dias. Todos os familiares se reuniram em oração.

Decidimos colocar o bebê no colo de Maria, pedindo a ela que o cobrisse com seu manto sagrado. Graças a Deus e a Nossa Senhora Aparecida, meu bisneto se recuperou e hoje está bem."

Uma doença grave foi também o motivo pelo qual Maria B., de Serra, Espírito Santo, enviou esta mensagem ao Santuário: "Tenho 79 anos e escrevo para relatar a cura do meu marido, de 81 anos, que teve câncer no intestino. Nos últimos seis anos, passamos por muitas provações e obstáculos, mas nada abalou nossa fé em Deus e em Nossa Senhora Aparecida. Meu marido sempre se mostrou um homem de fé, pois nunca perdeu a vontade de viver e de lutar contra a doença. Foram incontáveis dias no leito do hospital, algumas cirurgias, quimioterapia, processos dolorosos, mas Jesus e a mãezinha do céu sempre estiveram conosco naquela caminhada. Hoje, para honra e glória de Deus, meu marido está curado e há mais de dois anos não faz quimioterapia, apenas exames de rotina. Em fevereiro de 2014, comemoramos em grande estilo seus 81 anos. Temos muito, muito a agradecer por tudo."

Maria Aparecida B., de Alumínio, São Paulo, contou: "Tivemos de fazer uma viagem para visitar minha mãe, que estava doente. Faltando 40 quilômetros para chegar ao nosso destino, o pneu do carro estourou e meu marido ficou apavorado. Com isso, o carro bateu na pilastra, atravessou a pista, subiu um barranco e capotou. Na hora só consegui pedir a proteção da Mãe Aparecida. Ficamos presos nas ferragens, mas graças a Deus sofremos apenas pequenos arranhões. Em dezembro, fomos a Aparecida agradecer a graça alcançada."

Nas duas primeiras décadas do século XXI, as mensagens com graças começaram a chegar em número ainda maior ao Santuário Nacional, já que, então, os devotos podiam enviar seus depoimentos também por e-mail. A tecnologia permitiu ainda que os redentoristas organizassem melhor os arquivos e mantivessem guardada a maior parte das graças enviadas. O que antes se perdia, agora se acumulava com abundância, e poderiam ser eternizados episódios como este vivido por Cleusa A., de Guaxupé, Minas Gerais: "Em 2015, descobri que estava com câncer de pele e teria que realizar uma cirurgia para retirar uma mancha no rosto. Foi marcada a cirurgia na cidade de Ribeirão Preto, São Paulo, e no caminho para o hospital um carro desgovernado, em alta velocidade, veio na direção do carro em que eu estava com os meus filhos. Senti que naquele momento não dava para se fazer mais nada, então fechei os olhos, coloquei minhas mãos na cabeça e gritei por Nossa Senhora Aparecida. No mesmo instante o carro desgovernado passou do nosso lado e capotou por cima de algumas árvores. Chorei e agradeci muito, porque Nossa Senhora nos protegeu. Fui até o hospital, realizei a minha cirurgia e hoje estou bem. Obrigada, Mãe Aparecida."

Aparecida M., de Castro, Paraná, contou: "Em setembro de 2011, minha médica confirmou que eu tinha um nódulo no seio direito. O nódulo continuava crescendo, mas eu não podia fazer a cirurgia para retirá-lo porque as plaquetas do meu sangue estavam abaixo do índice considerado normal. Em 2013, fui encaminhada com urgência a um hospital de Curitiba, pois o médico disse que eu teria de retirar o nódulo com urgência. Durante todo esse processo eu estava muito confiante, tinha certeza de que Deus e Nossa Senhora Aparecida estavam comigo. No dia da cirurgia, no centro cirúrgico, os quatro médicos da equipe não conseguiram localizar o nódulo, por isso, não fui operada. Neste momento senti que o milagre aconteceu em minha vida, pois não encontraram nada de errado no meu corpo. Agradeço a Deus e a Nossa Senhora Aparecida por esta grande bênção."

Para completar, merece ser citado o depoimento enviado ao Santuário Nacional por Marco. S, de Lavras, Minas Gerais, outro devoto de Aparecida: "No dia 3 de maio de 2014, saímos para mais uma motorromaria. Como um dos organizadores, minha função era ser o batedor, ou seja, ir de moto atrás do veículo de apoio, zelando pela segurança e ditando o ritmo da romaria das motocicletas. Era o décimo sexto ano dessa peregrinação, e eu tive o prazer de participar de quase todas. Quando eu fui pela primeira vez, não era devoto de Nossa Senhora, mas depois fiquei apaixonado pela nossa Mãezinha Aparecida. Chegando perto de Caxambu, em Minas, fui fazer uma ultrapassagem. Quando eu estava no meio da ultrapassagem, outro motociclista tentou ultrapassar a mim e ao caminhão ao mesmo tempo. Ele perdeu o controle de sua moto e se chocou comigo. A velocidade alta e o choque com essa outra motocicleta fizeram com que eu perdesse o controle, e fui arremessado para as rodas traseiras do caminhão. Minha moto entrou entre as rodas, deu um estouro, partiu ao meio e vi meu corpo indo para debaixo das rodas. Era o fim, nada mais podia ser feito, quando senti uma força me jogando para o outro lado da pista. Meu corpo se arrastou por mais de 100 metros e fui parar no acostamento. Fiquei lúcido o tempo inteiro, vi tudo e permaneci deitado até a chegada do socorro. Quando entrei na ambulância, o organizador da motorromaria perguntou para mim se eu tinha visto o que estava ao meu lado, no meio do mato, e eu disse que não. Ele respondeu que era uma imagem de Nossa Senhora Aparecida. Chorei copiosamente, agradecido por este milagre imenso."

11

"Não é uma coisa humana, com certeza"

Relatos como esses não têm fim. Vários outros livros seriam necessários para reunir apenas uma pequena parte dos testemunhos de pessoas que acreditam firmemente ter sido tocadas pela graça de Nossa Senhora Aparecida. São tantos e tão semelhantes no conceito e na origem que não é possível duvidar da sinceridade e da gratidão que contêm. Não se trata simplesmente de um caso isolado, e sim de milhares e milhares de depoimentos de homens e mulheres que decidiram tornar público algo que só pode ser entendido no âmbito do mistério, do inexplicável.

Contando desde o início deste texto, foram registrados até aqui 216 relatos de graças obtidas pela intercessão da santa de Aparecida. Mas poderiam ser trezentos, para combinar com o número de anos que se passaram desde que a imagem foi encontrada no Paraíba do Sul, assim como poderiam ser 3 mil, ou bem mais do que isso. O número não é importante. O que de fato importa é exatamente o que as pessoas que os escreveram têm em comum: todas, sem exce-

206 / NOSSA SENHORA APARECIDA

ção, acreditam de coração que a santinha aparecida na rede dos pescadores no rio Paraíba do Sul, trezentos anos atrás, é mesmo a intercessora de grandes milagres.

Milagre, no *Dicionário Michaelis*, é assim definido: "1. Fato que se atribui a uma causa sobrenatural. 2. Algo difícil e insólito, que ultrapassa o poder da natureza e a previsão dos espectadores (Santo Tomás). 3. Coisa admirável pela sua grandeza ou perfeição; maravilha. 4. Fato que, pela raridade, causa grande admiração. 5. Intervenção sobrenatural. 6. Efeito cuja causa escapa à razão humana", entre outras acepções.

Graça, no mesmo dicionário, é descrita como favor ou mercê, benevolência, estima, amizade, participação do homem na vida divina antes do pecado, privilégio, dom sobrenatural, perdão, indulgência, socorro espiritual concedido por Deus para conduzir as criaturas à salvação, para a execução do bem e para a santificação.

Todas essas definições de milagre e graça são perfeitamente aceitas pelos devotos de Aparecida. *Così è (se vi pare)* é o título de uma clássica peça de teatro do italiano Luigi Pirandello, de 1917, que pode ser traduzido como "Assim é (se lhe parece)". Independentemente da trama e da intenção do autor, o título se tornou mais conhecido do que a própria peça, pois sintetiza com perfeição e poder de síntese uma verdade universal: assim é, se lhe parece. Se você acredita, se você vê dessa maneira, então assim é. A verdade, na fé e na religião, é o que você acredita de coração que seja verdade. Assim podem ser explicados os milagres de Aparecida.

O padre reitor João Batista de Almeida, no fundo, adota a mensagem do título da peça de Pirandello. Ele afirma que se alguém acredita sinceramente que foi abençoado por um milagre de Aparecida, não há como duvidar disso. O padre faz um paralelo com o processo de canonização do padre Vítor Coelho de Almeida, atualmente em curso: "Ele trabalhou em Aparecida durante trinta e tantos anos, foi o grande missionário da Rádio Aparecida, um homem que faleceu aos 87 anos com fama de santidade. O processo de canonização começa com o reconhecimento pelo Vaticano de que ele é um bem-aventurado, esse é o primeiro degrau, já conseguido. Em seguida, é preciso que o Vaticano reconheça os muitos milagres que, de acordo com os testemunhos das pessoas, o padre Vítor já fez. Essa é a etapa que está acontecendo agora, e se o Vaticano reconhecer um ou dois milagres, o padre Vítor já pode virar beato e depois ser santificado. É um processo longo e complexo. No caso de Nossa Senhora Aparecida, não há necessidade de reconhecimento oficial de milagres por parte do Vaticano. Basta que os fiéis reconheçam sua santidade. E acreditem nela de coração."

Porém, mesmo sem necessidade de prova, os relatos de milagres de Aparecida são o pilar que sustenta a fé na santinha, e padre João Batista tem plena consciência desse fato. Embora não se arrisque a afirmar que este ou aquele episódio foi milagre incontestável, ele acredita nos testemunhos das pessoas que se sentiram tocadas pela graça. "Mas, além disso, há determinadas situações da vida em que, mesmo sem conhecimento científico e técnico para provar se é ou não milagre, a gente acha que só pode ser. Não tem outra explicação. A pessoa está lá na cama do hospital, o médico fala que não tem mais jeito, acabou, e de repente, sem mais nem menos, a pessoa melhora. A pessoa é assaltada e o tiro para no celular, no maço de dinheiro. Se a pessoa acredita, é milagre. Sim, é milagre. São situações inusitadas. Quem experimentou essas situações ex-

208 / NOSSA SENHORA APARECIDA

perimentou um verdadeiro milagre. E se para a pessoa é um milagre, para a Igreja também é, com certeza."

Padre João Batista prossegue: "Então a gente precisa olhar esses conhecimentos com a visão da fé, do mistério. Não aquele mistério que assombra, mas o mistério do maravilhoso, do encantador. O testemunho de uma graça de Nossa Senhora Aparecida encanta desde o surgimento da imagem, que em si já foi algo totalmente inusitado. Uma imagem quebrada, no fundo de um rio, e acharam as duas pequenas peças ao mesmo tempo. Isso está no âmbito do mistério. Poderiam ter achado uma peça só, mas foram encontradas as duas, ao mesmo tempo. E o que aconteceu depois, e o que aconteceu depois do depois? As correntes que se soltaram do escravo, a ferradura presa na pedra, as velas que se apagaram e acenderam de novo, a cega que começou a enxergar, e daí sucessivamente. E as pessoas que vêm aqui continuam experimentando isso, a Sala dos Milagres é o testemunho disso. Então é algo que a gente precisa olhar com atenção, com seriedade. O que mais atrai em Aparecida? O que atrai é a força divina que surge dessa imagem pequenina."

A imagem escura com mais de trezentos anos de idade é, acima de tudo, na opinião do padre João Batista, o grande ímã. "É a imagem que tem o poder. Não há outra explicação. As pessoas vêm aqui para assistir à missa, mas missa tem em todo lugar. As pessoas vêm aqui para ver o padre, mas tem padre melhor em outros lugares. A questão é essa. É a imagem. A imagem é a fonte de onde brota a força divina. É uma experiência de fé. Não tem muito como explicar. Deus quis assim. As pessoas criam intimidade com a imagem. Se a gente olhar o sacrifício que as pessoas fazem para vir a Aparecida pode pensar que não faz muito sentido, a não ser que se olhe pelo lado da pura fé. Sem fé, nada disso aqui teria sentido. É a força do mistério da fé. Mistério enquanto força divina que transforma a realidade. É isso."

É isso mesmo. Nossa Senhora Aparecida, para os fiéis, é simplesmente a intercessora, a ponte entre o homem e o divino, o incompreensível, o mistério mais profundo, o que está além das explicações e se sustenta na fé incondicional. A fé que é vista pelo reitor, por exemplo, nas pessoas que atravessam de joelhos a passarela de quase 400 metros entre o Santuário e a Basílica Velha: "Humanamente olhando, você fala: mas que coisa absurda, para que isso, para que tanto sofrimento? Mas aquela pessoa que está ali experimentou a força do milagre. Ela alcançou a graça. Ela quer dar algo em troca. Fez a promessa, e essa é a maneira de externar sua gratidão a Deus. Para aquela pessoa que paga sua promessa, aconteceu um milagre? Aconteceu, é claro. Ela recebeu a graça. Para ela foi um milagre, e é só isso o que importa. O poder de Aparecida não é uma coisa humana, com certeza. Se fosse humana já teria acabado. Não duraria trezentos anos."

Este livro foi composto na tipologia Minion
Pro Regular, em corpo 12/17, e impresso em
papel off-white no Sistema Cameron da
Divisão Gráfica da Distribuidora Record.